男孩的
自驱型成长

He's Not Lazy
Empowering Your Son to
Believe in Himself

〔美〕亚当·普莱斯◎著

李艳会◎译

北京科学技术出版社

著作权合同登记号　　图字：01-2021-1463

图书在版编目（CIP）数据

男孩的自驱型成长 /（美）亚当·普莱斯著；李艳会译．— 北京：北京科学技术出
版社，2021.7（2025.9重印）
　书名原文：He's Not Lazy
　ISBN 978-7-5714-1547-1

Ⅰ.①男… Ⅱ.①亚…②李… Ⅲ.①男性—家庭教育 Ⅳ.① G78

中国版本图书馆 CIP 数据核字（2020）第 093450 号

策划编辑：张子璇		电　　话：	0086-10-66135495（总编室）	
责任编辑：张子璇			0086-10-66113227（发行部）	
责任校对：贾　荣		网　　址：	www.bkydw.cn	
责任印制：吕　越		印　　刷：	三河市国新印装有限公司	
图文制作：史维肖		开　　本：	710 mm×1000 mm　1/16	
出 版 人：曾庆宇		字　　数：	160千字	
出版发行：北京科学技术出版社		印　　张：	16	
社　　址：北京西直门南大街16号		版　　次：	2021年7月第1版	
邮政编码：100035		印　　次：	2025年9月第11次印刷	
ISBN 978-7-5714-1547-1				

定价：68.00元

目录

第一部分　他不是懒

孩子想在学校表现得更好，他只是没有信心自己可以做到。他表面上的懒惰，实际上源于对失败的恐惧，或者我们所说的焦虑。这种焦虑存在于所有缺乏内在动机、成绩不佳的孩子身上，也存在于那些有学习障碍、患有注意缺陷多动障碍或者通过不良嗜好应对各种问题的孩子身上。

青少年本质上是不稳定的。在这个时期，他们开始发展出真正的共情能力，会站在别人的立场上思考问题。但与此同时，他们又高度以自我为中心。他们的思维能力有了飞跃式的发展，能够理解抽象概念；但同时也最容易冲动、判断失误和盲目选择。他起伏不定的行为表现恰恰反映了他充满矛盾的内心。

第三章　尚待健全的大脑 | 53

你要明白孩子的大脑与你的大脑有本质上的区别，这样你才能理解他的喜怒无常，更重要的是，调整好你对他的期望。如此一来，你在教育他的时候才会有耐心，而耐心是放弃努力的孩子的父母们最急需，也最紧缺的品质。

我们希望年轻人实现的目标并非他们自己的目标。问题是你的儿子不认同这些目标，至少表面上不认同。而由于他的执行功能尚未发展成熟，他还无法认识到他正在为自己挖坑。为了帮助你的儿子，你需要尊重他的自主权，你要隐匿在他身后默默提供支持，而不让他知情，为他搭建脚手架。

男人使用三种心理防御机制来封闭自己：逃避、分割和否认。由于不能稳妥地理解或表达情感，男孩只有两个选择。一个选择是退缩，这可能是你儿子在处理自我怀疑、无能感、脆弱和恐惧这些情绪时选择的方式。另外一个则更为糟糕，就是通过打架、叛逆行为等来释放内心感受。愤怒是男孩和男人可以安全表达的情绪，对他们来说，发怒比悲伤更容易。

第六章　　淡漠的学习态度 | 119

相比女孩，男孩如果认识不到学习的用处，就很难投入学习。作为家长，你有义务鼓励孩子学习，培养他的求知欲。为此，你不仅要容忍他时而咄咄逼人的观点，还要在他向你求援时提供帮助。

第二部分
从冲突到改变：内在动机的种子

家长越是鞭策孩子，孩子自己就越不愿动。表面看是他冥顽不灵，但背后却有着更深层次的原因。借助隐秘或公然的不努力，他让家长替他背负了所有焦虑。尽管表面上他是在对抗你的监督和控制，但实质上却是逼迫你更加深入地参与他的人生。

我们依赖自我调节以防止注意力涣散，强迫自己在疲惫时仍向前推进，在想要活动时待在原地。意志坚定的成功人士与犹疑不决、难以专注和容易退缩的人之间最大的区别就在于自我调节能力的差异。

前瞻教养不是不停地去改造现在的他，而是停止与现在他不成熟的自我产生冲突。这个自我认为自由就是有权不负责任，永远做个孩子。同时，前瞻教养也意味着你无需再费气力地把他改造为他不可能成为的人。

自我效能是指个人对自己完成某方面工作能力的自信心。拥有自我效能的人更善于克服困难、容忍失望，因为他们将失败归结于自己可掌控的因素。他们能够忍受无能感，知道努力、练习和学习新技能可以带来成功。缺乏自我效能的人在遇到挫折时容易陷入负面情绪，产生自我怀疑。从某种意义上说，拥有自我效能的人并不是善于奋斗，而是长于应对失败。

你要体谅孩子的痛苦，也要体谅你自己的痛苦。对于多数家长来说，自我体谅是最难做到的。你首先要对自己作为家长的成长过程有耐心，容忍自己犯错误以及感受到的不确定性。记住：不羞辱，不责怪。

引 言

数年前，我曾收治过一位名叫凯尔的少年。最近我偶遇了他和他的母亲。作为一名儿童心理医生，这对我来说是一个难得的机会。因为通常在患者结束治疗，迈入下一个人生阶段后，我很少有机会知道我采取的治疗措施是否持久有效。

第一次见凯尔的时候，他在上十年级，学习成绩一塌糊涂。尽管当时他尚未表现出真正的问题少年才会有的出格行为，如吸毒、公然叛逆、逃学或者暴力行为等，但他对学习已经彻底丧失了热情。因为他对学习得过且过的态度，父母叫他"下限先生"。他的各科成绩一直都在及格线上挣扎，西班牙语成绩是 D，其他课程也只是 B 和 C。他周末的时候会去找朋友玩，但在家的时候，他大多数时间只是待在自己的房间，拉下窗帘，坐对电脑。他有赖床的毛病，上学经常迟到。父母担心凯尔这种缺乏学习动力的状态会严重影响他未来的发展。为此，他们甚至带他去看心理医生，检查他是否存在学习障碍。心理医生的结论是："凯尔已经丧失了学习兴趣，无法完成家庭作业。他喜欢和朋友发信息，听音乐，打电子游戏，但他认为学校的一切都索然无趣。任何裸考的测试都无法通过。"不过医生并没有提出该如何帮助凯尔获得更多动力。读完这个诊断报告，我非常理解凯尔父母的心情，毕竟论智商，他们的儿子在人群中是属于前百分之十的！

像我遇到过的很多家长一样，凯尔的父母对孩子的状况茫然不知所措。他们不明白，一个如此聪慧的孩子，为什么不能稍微努力一下，考个好分数，进一所名牌大学呢。他们对凯尔所施的一切管教都不奏效：抓得紧，孩子变得更叛逆；略一放松，他的成绩又会退步。

我在纽约和新泽西执业期间，遇到过许许多多像凯尔这样的孩子。在老师和心理医生眼中，他们都是好孩子。不过作为学生，他们在学业上却明显缺乏动力。

对于当今学生面临的各种压力，媒体已有诸多报道。不过这些报道更多关注的是学霸。这些孩子是光芒万丈的天之骄子：在中学已开始修习多门大学课程，既能演奏一种鲜为人知的中国传统乐器，又能以出色的运动能力稳驻几支体育赛队。当然，当地的救济站也不乏他们做慈善的身影。这些孩子的父母望子成龙，在他们眼中，未来只有两种，要么上哈佛，要么成为废物。这些孩子面临着巨大的压力，越来越多的媒体报道他们在学习时经常靠服用一些兴奋剂来提劲儿。不过，还存在另外一类被忽视的男孩群体，他们的压力表现得更为隐蔽。我所关注的对象正是这个群体。他们沉迷于电视、电子游戏、社交网络和线下社交，对学习毫无热情。很多人如凯尔一样，敷衍学业，得过且过。他们不会闯出什么大祸，却仍然让自己的父母忧心焦虑，惶恐难安。

尽管从表面看，他们对学业压力满不在乎，但实际上他们的行为直接反映了他们内心的煎熬。与表面上看起来不同，这些孩子并非单纯的懒惰，他们其实是害怕自己达不到要求，所以在面对自认为无法克服的困难时，他们干脆选择放弃。这些选择放弃努力的男孩正是本书讨论的对象。

我们以成就为导向的竞争型文化就像一口高压锅蒸煮着当今的青少年，而青春期的男孩对这种压力格外敏感。作为一名心理医生，我每天都能见到这种文化的受害者。聪明而富有才智的男孩向我诉说着他们的无力、无能之感。面对压力，他们并没有选择加倍努力，头悬梁锥刺股，而是选择彻底逃避。这种基于恐惧的反抗有着名正言顺的理由："我才不要做无聊的书呆子"，或者"考试不能反映智商，也不能帮助学习，所以准备考试又有什么意义呢？"他们通过逃避和拒绝来保护自己，而这两种方式是青少年惯用的问题解决机制。

相比父辈的青春岁月，这些男孩子所置身、所跋涉其间的世界要复杂得多。如今，无论教学水平如何，所有学校都要求孩子们博学多才，这在以前是从没有过的。在过去的二十年间，高中增加了一个年级，7%的高中生还要学习更难的课程。科技的发展在丰富教学体验的同时，也带来了信息过载。课后，老师们在图尼丁（Turnitin）[1]上通过邮件给学生布置作业，交作业的期限截至在午夜。手写学期报告和演讲海报已成为历史。现在学生们必须能够制作出华丽的幻灯片，与同学们在社交媒体上分享读后感，在班级的主页上发帖。他们的课外活动极为丰富，甚至从小学就已经开始为大学做准备。与此同时，放学铃一响起（有时甚至是在上课时间），手机上的各种社交媒体发出催促的提示音，各种信息和通知不绝于耳，充满诱惑的网络世界向其敞开了大门。

学业越来越繁重，诱惑越来越多，娱乐项目越来越丰富，要实现它们之间的平衡，孩子们需要具备企业管理者的组织能力，但是当今青少年大脑的发育却并未加速。青春期孩子的大脑仍在发育之中，很多男孩还需要努力集中注意力，建立对细节的关注，并且培养各种能力以满足外界对自身越来越高的要求。越来越多的心理医生、医师和教育者认为，现代人的青春期已延长至二十多岁，到了这个阶段，人的大脑才算发育成熟。所以，很多孩子，尤其是男孩，无法满足学校教育提出的苛刻要求也就不足为奇了。根据美国的大学升学数据，男生入学数量在减少，女生则在增加，不仅如此，女孩的大学成绩也更好，更容易顺利毕业。另外，男孩被诊断出患有学习障碍以及各种行为障碍的比例要高于女孩，我的很多患者就曾被诊断出有注意缺陷多动障碍。

男孩在学习方面的确存在问题，这并不是什么新闻，相反，这个问题一直被广泛讨论。许多教育专家认为，男孩在课堂上有一些天然的劣势，不

---

① Turnitin, 一款数字图书馆系统平台。

利于他们表现自我和参与竞争。那么，这种观点又让那些已经成绩欠佳的男孩父母们何去何从呢？

就在偶遇凯尔的那天，从凯尔母亲口中我欣慰地得知，凯尔克服了学习障碍，并考上了大学。目前供职于一家软件开发公司，甚至计划继续读研深造。凯尔就是那种典型的需要通过外部降压，由自己激励自己的孩子。放弃努力的孩子从表面上看是因为懒惰，但是深入探索其内心就会发现他的挣扎。他想要出色，却又惧怕失败，所以干脆放弃尝试。本书的目的就是帮助你找出这些隐蔽的障碍，帮助你的男孩直面内心的恐惧。

关于内在动机的研究很多，但适用于青少年的实用建议却少之又少。青少年是一个非常复杂的群体，我们需要综合考虑各种因素来理解和帮助他们。本书分为两个部分。在第一部分，我将引领你重新认识你的孩子，帮助你理解他身心发生的巨变。我们要明白男孩和女孩的不同之处，包括学习方式、交友方式、寻求地位的方式以及抒发情感的方式。这些信息关系到我们能否理解孩子为什么会选择放弃努力。读完这一部分你就会明白，孩子如此选择并非因为懒惰。第二部分包含了大量缓和亲子冲突的建议，进而帮助你解决问题。我认真研究并付出了很多，力求这部分内容能提供有意义的见解，同时还将这些见解转化为切实可行的实操步骤。

现在你可能正身陷敌后，与你的儿子就考试成绩和学习时间展开一场水深火热的权力斗争。要想休战，首先要理解他是如何把你卷入这场拉锯战的。我称这种亲子对抗为矛盾反应。我们会帮助你了解他为什么选择消极应对，放弃努力，教你终结权力斗争，改善沟通。一旦解除敌我对抗状态，我们就着手解决根本的问题：他对自己的学习能力缺乏信心，以一种固定型思维想当然地认为自己的能力仅此而已，无力回天。之后我们会基于青少年的特殊心理，提出培养男孩内在动机的核心要素：能力感、掌控感和联结感。通过阅读本书，你将学会如何与孩子沟通，让他担负起改变自己的责任，尊重自己的自主权。本书还会教你一些技巧来提升孩子的自我意识，管理好潜藏在内在动机缺失表象下的焦虑。

阅读本书，你会明白你的儿子之所以放弃努力并非因为懒惰，而是因为他正深陷泥淖，痛苦挣扎。这一点非常重要，因为家长能提供的最好帮助就是接纳孩子。你会了解，为什么孩子会觉得他无法独立完成作业（可能部分原因是你太喜欢帮助他了）。你会知道，他的很多行为是出于害怕才表现得愚蠢或无能。你会变得有耐心并且逐渐意识到，也许问题不在于孩子，而在于外部大环境在无理地要求他尽快取得他本应慢慢取得的成绩。最终你会学着信任他，给他自由，包括失败的自由、认识自我的自由、找到自己内在动机的自由。一旦他做到这些，哪怕花的时间比别人长，他就能真正拥有内在动机，没有人可以从他身上夺走。

但现在，首先让我帮助你重新认识你熟悉而又陌生的儿子。

第一部分

他不是懒
He's Not Lazy

家长对孩子的一个普遍但却极具杀伤性的判断是：他很懒。本书的第一部分将纠正这一危险认识，因为它蒙蔽了问题的根本原因。另外，由于家长对孩子的责怪态度，亲子关系也更加疏远。第一章鼓励家长以一种全新的视角看待自己的儿子，也就是学会范式转移。剩余小节将带领家长重新认识青少年的认知转变和情感转变，同时还会详细介绍，对于那些放弃努力的男孩，这些转变意味着什么。本章内容将会帮助家长理解孩子的心理，重新看待他所面临的问题。毕竟，要找到切实有效的可以帮助孩子获得内在动机的方法，首要的便是理解他看待世界的方式以及他的思维模式。

第 一 章

重新认识你的
儿子

He's Not Lazy:
Empowering Your Son
to Believe in Himself

让我带你重新认识你的儿子。如果他是一个典型的差等生，他可能会喋喋不休地控诉学校的种种不好，诸如老师愚蠢，课程无用：数学是把数字挪来挪去，英文是把单词挪来挪去，学几何没有任何用处，读莎士比亚也完全是在浪费时间。与此同时，你从来看不到他学习，他是"永远没有作业的孩子"，但是成绩却一直下滑。

对于他的这种状态，你的反应大概是满心焦虑，唠叨不停，与孩子或你的另一半争吵不断。你对他的未来充满担忧，总是要求他做家庭作业，准备接下来的测试。你甚至听从大学入学咨询师的建议，为他报了一个暑假科学班。你可能还带他去看了心理医生。虽然在别人眼中，他是一个好孩子：说话温和，性格迷人，谦恭有礼，但在你眼里，他毫无动力，甚至可以说非常懒。你的乞求、劝导和责怪通通无效，他的内在动机始终在内心沉睡甚至休眠。

如果你选择打开本书，那么你很有可能会对下述内容产生共鸣。这些倾诉来自参加过我的讲座的家长们。

◆ 如果惩罚也不起作用该怎么办？我收走手机，没收电脑，他也只是说，"随你便，拿走吧，我不在乎！"

◆ 我不知道怎么与我的儿子沟通，每当我开口，他就满腹牢骚或者干脆让我别烦他。

◆ 他只有在喜欢某个老师，或者是真正对某个科目感兴趣的时候，才有学习的劲头，否则想都别想。

◆ 如果他能努力一点儿，如果上点儿心……

如果你想更好地了解孩子，可以取出一把尺子，标出十二个等级，让他衡量一下自己的学业、社交生活和课外活动的重要性。你会惊讶地发现，学业得分最高，社交次之，课外活动被排在最后。现在还用这把尺子，让他再衡量下他对自己在这三个领域中取得成功的信心。你会发现顺序是颠倒过来的。换句话说，事情并不是像表面看起来的那样。你的孩子想在学校表现得更好，他只是对自己能否做到缺乏信心。他表面上的懒惰实际上源于对失败的恐惧，或者我们所说的焦虑。这种焦虑存在于所有缺乏内在动机、成绩差的青少年身上，也存在于那些有学习障碍、患有注意缺陷多动障碍或者通过吸毒和酗酒应对各种问题的孩子身上。不过，无论这种低水平的自尊是导致他们成绩差的主要原因还是次要原因，你首先要做的是为孩子提供帮助。

但问题是，很多家长误以为要提升孩子的自尊就需要给予他大量的称赞和表扬。而事实上，给予低自尊的孩子大量表扬和给予批评一样不可取。在他的内心深处，他会认为你时刻在衡量和评估着他的表现，而这使得家长的爱看起来好像是有条件的。因此，这种情况下，正面的反馈和负面的反馈都不能太过。你要做的是停止对他进行衡量和评估。

如果你自己都无法做出改变，就不要强迫他人改变。"己所不欲，勿施于人"的道理在与青少年打交道时尤其适用。现在，占据有利地位的显然不是你。孩子虽然还未成年，但他觉得自己已经是个大人，他想要获得成人的待遇，最起码他想被当成一个自由的个体。这场白日梦中唯一的障碍就是你。因此，他要打败你，哪怕代价是让自己坠落得更深。面对这种情况，家长又该怎么做呢？

在《高效能人士的七个习惯》(The 7 Habits of Highly Effective People)一书中，斯蒂芬·科维(Stephen Covey)分享了与自己青春期儿子的故事。科维的儿子在社交、学业和运动方面均表现不佳。起初他和妻子鼓励儿子要积极、有信心，但这种鼓励教育并不奏效。他们带他去看医生，结果却让孩子觉得自己有什么问题，情况反而变得更糟。直到某一天，科维忽然意识到自己与儿子的关系要比儿子是否成功更重要。他知道，改善亲子关系的关键在于接纳孩子本来的样子，而不是希望他成为别人。作为一名受过高等教育并且跻身行业前列的父亲，他知道要做到这一点必须先完成他称之为的"范式转移"。为此，他开始重新评估自己的信念体系、世俗意义上的成功以及人生的价值。当他意识到社会所定义的成功对他并不重要时，他开始逐渐接纳儿子本来的样子。科维说，在他完成这次"范式转移"后，他的儿子也开始在学业和社交方面取得巨大进步，最终扭转败局，成为一个有内在动机的优秀少年。

科维讲述这个故事是为了阐述范式转移的重要性，但对于我们而言，这个故事的意义在于让家长停止关注孩子，转而反思自身。现在，先不要急于评价孩子的表现，而是用下述方法来重新认识下你自己。

请罗列出三至五条你最典型的缺点和优点。写缺点的时候要诚实，不要像在回答工作面试问题那样把缺点也粉饰成长处（"我太执着了"）。接下来详细描述这些缺点，虽然这会引起不适。举一些例子说明它们给你带来的尴尬和屈辱，回忆这些缺点如何导致了你的失败。接着想象你有一个天资聪颖、在常青藤名校求学的孩子，是不是感觉好多了？可是，换个角度想一想，让你对自己感觉好一点是孩子的义务吗？另外，批评孩子的缺点能帮助他改正这些缺点吗？显然是不可能的。

所以不妨换个方式，试着接纳自己的缺点，把它们当成你的一部分。你已穷尽半生尽力提升自我，但毕竟人无完人。学会原谅和接纳带有缺点的、不完美的自己。现在停下来深呼吸，思考一下这种认识上的转变。如果你可以接纳自己，那么你就会更理解孩子，更能冷静地看待他的痛苦和挣扎，更能客观地思考如何帮助孩子解决他的麻烦。只有拥有这种客观的立场，你才能制定出真正帮助孩子的方案。

如果说客观立场是第一基本要素，那么共情就排在第二。要实现对孩子的共情，首先要回忆一下你在学生时代的感受。想想那些不屑理睬你的冷酷男同学或女同学，那位在全班同学面前羞辱你的老师，那次在数学测试中考了七十分而不敢告诉父母的经历。想想你曾经考的最低分，还有那些至今仍令你懊悔说过的蠢话或做过的蠢事。

当你沉浸在这些回忆里时，你会对孩子的处境产生更深的共情，更能从他的角度看待世界。有了客观的立场和共情，你将不只能给他爱，还能对他施以援手。

接下来让我们通过练习，进一步提高你的共情能力，巩固你的客观立场。这项测试叫作"你眼中的儿子"。取一张纸，记录一下你就下列问题给出的回答。

1. 你的孩子哪些地方像你？哪些地方不像你？哪些地方像你的伴侣？

2. 除了希望他幸福快乐外，你对孩子还有什么别的期待？

3. 你对自己的童年和成年有什么遗憾？你犯过哪些错是不希望孩子重蹈覆辙的？

4. 你希望孩子的人生在哪些方面比你更顺利？

5. 你的童年有哪些对你意义重大的经历？你希望孩子也拥有与你相同的经历吗？比如参加同一个夏令营或上同一所大学。

6. 你的孩子在兴趣爱好上与你有什么相同和不同？

7. 你觉得孩子有哪些不错的兴趣？有哪些恶习是你希望他一辈子

都不要沾染的？哪些令你讨厌或反对？哪些在你看来是浪费时间？以及为什么你这么认为？

8. 孩子对自己有什么不好的评价吗？他具体在哪些方面贬低了自己？他认为令他苦恼的个人缺陷是什么？

9. 描述一下你的孩子，试着从一个富有同情心的客观观察者的角度来写。不要称他为你的儿子或孩子，用他的名字来指代他。

四种男孩

现在我希望你已经摒弃了"孩子学业失败是因为懒"的观念。他并不是没有努力学习的动力，他只是对尽力而为这个选项抱有复杂情绪。他不确定自己能否取得学业上的成功，这种不确定感来自对即将到来的成人阶段的不知所措。

尽管所有青少年都面临自尊问题，但有几类孩子会选择放弃努力来逃避。为了简便起见，我将他们划分为四个类型，这些类型之间有重叠，你可能会发现自己的孩子不只属于其中一类。通过下面的介绍，你会更明白为什么孩子选择放弃。

叛逆型

帕特里克对家长和老师之外的大人们都礼貌有加，包括朋友的父母、父母的朋友，甚至是对我这个心理医生，但唯独对他生活中的那些权威人物十分抵制，对他们横眉冷对。他向他们尖刻地控诉学校的种种罪状：教务处制定的政策太蠢，不考虑学生的需要，设置的课程毫无价值。尽管帕特里克不愿意做学校布置的作业，却对阅读很感兴趣，他喜欢读《纽约时报》，喜欢读政治类书籍，还喜欢浏览各种有关政治的严肃网站。不过从他的成绩单上，你可看不出这些。

帕特里克的父亲欧唐尼尔先生是一名律师，他通过个人努力和严格的自律，现已成为纽约一家知名律所的合伙人。欧唐尼尔先生时常与帕特里克就考试分数、学习习惯以及缺乏学习动力的问题争吵不断。他每天晚上都要检查儿子的作业，与儿子的老师们保持频繁的沟通。当儿子未能完成作业时，他还会没收儿子的电脑以示惩戒。他甚至用金钱奖励督促帕特里克完成作业。然而这种高压控制却让帕特里克变得更加叛逆，他将自己的一切失败都归因于学校和父亲。帕特里克一直耿耿于怀的是父母在离婚期间对于许多事情的处理方式令他感到自己毫无主导权，这种无力感让他十分懊恼。从某种程度上说，对学校的反抗是他的复仇方式，他故意要让父母感到愤怒，这样他会觉得自己掌握了主导权。

帕特里克是叛逆型孩子的典型。这样的孩子一般都很聪明，但也固执己见。他们与父母之间总是存在着权力斗争。他们将青春期的叛逆当作一场竞赛，频繁地挑战父母和老师的权威。他们的目标是不计一切代价保卫自己的独立，因为他们的父母控制欲太强。他们的叛逆来源于愤怒。通常，在向我求助之前，这些孩子的父母已经精疲力竭、无计可施。他们觉得自己在这场斗争中已经彻底败下阵来。

如果你的儿子也有与帕特里克类似的表现，那么他应该已将你视作仇敌。这或许是因为从他年幼的时候开始，你就蛮横地干涉他的学习以让他稳居上游，而你之所以这么做是因为你觉得这是让他成功的唯一办法。可是，现在他想做的就是推翻你的暴政。你不厌其烦地向他灌输成绩差的后果，而他也"百炼成钢"，像一名出色的律师那样毫不屈服，不停地反过来劝说你不要关注那些所谓的后果。这些舌战，本质上就是你们之间的权力斗争，而权力斗争是教育青少年的大忌。对于孩子来说，在这场战斗中唯一重要的事情是他的自主感或控制感。他会让冲突无限升级，并愿意付出一切，只为赢得这场战斗。

依赖型

麦克斯的父母对他已经无能为力了，他们希望有人来说服麦克斯完成家庭作业，他现在的成绩一塌糊涂，升入大学的机会渺茫。然而他同时也是当地的传奇人物。起初他只是学校舞会的一名主持人，后来创立了一家公司，在婚礼和各种宴席上与专业艺人同台演出。作为一名企业家，麦克斯的前途无量。但他的演艺工作已经令他无暇顾及学业。他的父母给他请了家庭教师，一周两次上门辅导功课，而他只有在家庭教师的帮助下才能完成作业。只有把饭菜送到房间，他才愿意吃（据他妈妈说，不这样他就不吃饭）。16岁的他还需要妈妈为他准备每天要穿的衣服。

典型的依赖型孩子看到衣服掉了都不会主动捡起来，从不刷盘子洗碗，不能独立完成作业。因为没有必要。他们的父母时刻围绕着他们转，一切都帮他们打点妥当。这种溺爱并不一定是父母在物质上给得太多，也可能是为孩子做得太多。因此，这也不只是富裕家庭才有的问题。依赖型孩子的父母出发点是好的，他们总是想要就孩子面临的问题及时给予补救。比如说孩子的学习问题是由于注意力不集中导致的，为保证他完成作业，父母就全程陪同。为了让孩子有更多的时间练习踢球，父母就为他收拾足球包，准备好一切。这样的父母认为自己理应降低对孩子的期望，只求他考试能及格就好。

结果导致这些孩子认为自己是天之骄子，想要的东西都能唾手可得。他们依赖父母给他们雇佣的家庭教师、教练和心理医生。他们对于不劳而获的成功抱有不切实际的期待。依赖型孩子需要做出改变，他们的父母也同样需要。

魅力型

卡梅隆即便在等巴士的时候也能自娱自乐，他始终那么阳光风趣，快乐至上。他把这种快乐哲学延伸到生活的方方面面。卡梅隆的绰号叫"万人迷"，很多人都喜欢他，虽然有时候不免高傲些，但他从不欺凌同学。他还是足球队的明星球员，把运动和社交看得比学习还重要。但直到某天，他的学习成绩差到了危及他能否进入大学的地步，这时候卡梅隆才意识到自己需要调整一下人生的主次。他渴望进入大学继续踢球，因此最终同意去看心理医生。通过与他接触，我发现魅力四射的卡梅隆唯独在一件事情上缺乏自信：自己的智商。

因为知道自己无路可退，卡梅隆只能破釜沉舟。考虑到他性格好胜，我用他最喜欢吃的糖果作赌注，和他打赌，他无法一个月内每天都按时完成作业。我是很希望自己输掉这个赌约，最后我也确实输了。卡梅隆还认为他的智力注定就是一个固定值，自己不可能通过后天努力变得更聪明。对于这个想法，我也提出了质疑。

生活并不会对魅力型的孩子手下留情。这类孩子通常是出色的运动员，或者有着强烈的个人魅力。人们赞赏他们的天赋，为他们的气质和魅力所倾倒，而他们也已经习惯了天赋所带来的轻而易举的成功。未来在他们眼中非常光明，学校生活也很美好，接下来的人生也不外乎如此吧！他们坚信凭借天赋就能轻松升入大学，可能还会拿到一笔运动奖学金。但与此同时，在内心深处，他们对自己的智商毫无信心，觉得自己长久以来只是蒙混过关。作为家长，你可能也会被他们深受欢迎的个人魅力所蒙蔽，格外看重他们的天赋。即便孩子在学习上稀里糊涂，你还是留给他很多时间和自由去玩乐，允许他与队友和伙伴们混在一起。

怀疑型

艾登是一个幽默感很强的孩子，但不幸的是，这种幽默感在他上八年级的时候消失了。尽管他妙语连珠，却很少有人能够理解他话语里的锋芒。他的父母也知道自己的儿子非常聪明，可是令他们愤怒的是，他的学习成绩却很一般。艾登喜欢一切技术性的东西，并对自己比同学掌握更多的计算机知识引以为豪，但老师们似乎只认为他不够努力，为此他觉得老师们不喜欢他。尽管他也参加运动，却感觉自己并不擅长。他躲进电脑游戏中，因为他觉得只有在游戏中自己才能施展才华，赢得朋友们的肯定。

尽管外界承认他的聪明，但怀疑型孩子对自己的能力却始终不自信，并且在社交方面也缺乏安全感。他无法发掘自己的长处，在心理上孤立无援，常常觉得自己不够好。他宁愿躲藏在懒惰的面具下，也不愿意冒险努力，因为他害怕努力只会证明自己真的不够聪明。与叛逆型和依赖型孩子不同，怀疑型孩子不会向家长表达自己的愤怒，他的负面情绪只朝向自己，有时候甚至会引起抑郁。

作为怀疑型孩子的家长，你肯定对他的不努力非常失望，却不知道他的内心正在经历着什么样的痛苦。他也许正面临着学习上的困难，也许你在学业上对他要求过高，令他因为怕满足不了你的期待而不安，而对此种种，你却毫无所知。

排查认知误区

在介绍过上述几种放弃努力的孩子类型之后，现在我们需要破除"他只是懒"的认知范式，建立一个新的范式。为此，我们首先要走出以下几个认识误区。

误区 1　他会迎难而上

你是否理所当然地认为你的儿子已经在智力和情感上做好了随时应对挑战的准备？但事实是他并没有。现在，越来越多的男孩选择放弃努力，因为在过去的二十年中，标准已经发生了改变：教育的要求极大提高。以前学习还是可以轻松应付的比赛，现在却需要格外的努力和天赋。一名幼儿园教师最近告诉我："十年前我们对孩子的要求是在幼儿园毕业时，能够从1数到20，但现在对孩子的要求已经变成了要从1数到100。"过去，四年级是小学阶段的转折点，这个阶段需要孩子完成从学会阅读到通过阅读进行学习的跃迁，因此，孩子的学习问题也往往从此时开始暴露。这时候我常会接到家长电话，让我对他们的孩子进行学习能力评估。现在，这种能力的跃迁已经要求学生们提前至三年级完成。这也是教育界和心理学界人士认为被诊断出学习障碍和注意缺陷多动障碍的孩子数量上升的部分原因。教育界人士对现在通过推迟孩子入学年龄，以求让孩子获得更大竞争优势的做法也表示担忧。过去的情况是，只要年龄适宜，有轻度学习问题的孩子完全能够自行赶上。但在连正常孩子都在挣扎的现在，这已经变得毫无可能。

几十年前，缺乏内在动机的男孩被称为"迟开的花朵"；而今天，我们称之为"差等生"。"迟开的花朵"还有机会迎头赶上，"差等生"却始终落于人后。前者最后会找到自己的出路，后者则需要他人的帮扶，并且越早越好。帮助孩子提升学习能力以满足家长不切实际的期待，并不是良策。在你花费大量金钱雇佣家庭教师、心理医生和学习辅导员之前一定要记住，他们提供的服务也许会有所帮助，但不能解决孩子的根本问题。

误区 2　他还没有发挥出自己的潜力

10岁时，我非常震惊地听别人说，我还没有发挥出自己的潜力。这是我四年级的老师贝卡女士在年度家长会上对我母亲说的话。尽管这句评语本是为了敦促我在学习上更上一层楼，但我听到后却很沮丧，因为我认为它是在暗示我不够聪明。我真的本来可以取得更好的成绩吗？我现在的成绩不够好吗？别人呢？

人们普遍错误地认为，放弃努力的孩子是有很多潜力的，只是需要释放出来。美国出生缺陷基金会最近有一则广告，标语是"每个宝宝都注定不凡"。而我们现在就身处这话里隐藏的陷阱中。美国人民有着深深的伟业情结，总是认为一点点毅力加一点点天赋，什么目标都能实现，什么困难都能克服，毕竟我们曾征服了西部边陲，甚至登上了月球。可是，孩子并不会在每一代实现"快速进化"。潜力是披着羊皮的狼，听起来像是一个关于不断成长的词汇，但其实它的同义词是竞争。当家长们抱怨说，他们的儿子没有发挥出自己的潜力，他们其实是在说"我的孩子很聪明，如果他能发挥出自己百分之百的潜力，就能成为班里的尖子生。"这种认识的危险在于重结果而轻过程。时刻要求孩子发挥出最大潜力，可能会让他错失在成长过程中更有价值的东西，让他错失成功的核心要素：足够的试错空间，独立学习的自由以及充分的成长时间。

不过，更具破坏性的是，这种施压方式会让我们忽视孩子本该学习的核心价值：独立完成作业，而非在家长或家庭教师帮助下修改论文或作业的价值；花点时间学做家务，而非分秒必争地做家庭作业的价值；经历小挫折、小失败，从中学会振作精神从头再来的价值。当我们讲到孩子的潜力时，我们必须问问自己："是关于什么的潜力"？

误区3 过度养育可以帮助孩子

经过50年的经济增长而陷入增速停滞之后，家长开始担心自己的孩子很可能难以在经济层面上超越自己。历史学家保拉·法斯（Paula Fass）认为，这种担忧促使那些爱子心切的父母不再只是帮助孩子迎接未来，而是开始想要完全控制孩子的未来。他们错误地认为，自己只要给予孩子充分的监督、教导和训练，就可以左右孩子的自然成长路线，补足那些削弱孩子竞争力的天生不足。家长拒绝接受孩子的短板，不给孩子成长空间，而是过度介入、横加干涉，只为确保孩子能够名列前茅。如果任凭这种趋势继续发展，家长迟早有一天会由"直升机"升级为"无人机"来监督孩子。可正如我们所见，这样的帮助实际上可能只会使孩子更加不愿努力。不是帮助孩子迎接未来，而是越俎代庖地为孩子"制定"未来，结果反而会让孩子没有未来。

结合二十多年的临床心理诊疗经验，我认为这些孩子最需要的是减负降压，拥有更多时间慢慢成长，但这却是大多数家长不愿意给孩子的。不仅如此，因为过度干预或疏于立规矩，家长还常常使问题变得更严重。很多家长两种错误兼犯，一边唠叨不停地监督孩子，一边又不让孩子为自己的选择担责。

单靠家长的管教便可以使男孩表现优秀的想法是非常幼稚的。实际上，过度养育可能还会导致孩子放弃努力。我们听说过很多"直升机家长"，他们最大的错误就是以爱之名为孩子做得太多，对孩子关注太多，却毁了孩子自觉激发内在动机和创造力的机会。

读完本书，你会转换范式，认识到你的儿子之所以放弃努力并非因为懒惰。你会意识到他的大脑正在发育；他正在寻找男子气概的意义，为自己的未来担忧；他需要更大的自主权、更多的责任感和更多的自由去经历失败。读过这本书，你还会学会提出不一样的问题并认真聆听他的回答，在他需要时给予信任和支持，进而助他树立自信。

在进入下一章之前，我要讲一个故事。马克·凯利（Mark Kelly）是美国得克萨斯州休斯敦萨普中学低年级部的校长。在来休斯敦之前，他曾在波士顿和新奥尔良的学校任职，有着丰富的教学经验。马克告诉我，很多家长向他求助说："我能想到的事情都为孩子做了，但他还是一团糟。我该怎么办才好？"对此，马克总是直言不讳地回答："你什么都做了，就是没有放手。"

第 二 章

身心的双重变化

试想一下，你正在家附近散步，周围的一切和昨天一样，同样的建筑，同样的街灯。人行道上的那条裂缝也一如昨日，一不小心就会绊倒你。熟悉的环境让你觉得很安全。接着你又一次散步，可这次四周有些异样，起初，你也说不清哪儿不对，只是心头掠过一丝异样的感觉，然后你发现所有的建筑物都缩小了一两寸，变化不大，但已足够让你感到不安。第三次散步的时候，变化更明显了，街道两边的干洗店和药房对调了位置……正值青春期的青少年每天都在经历这种感觉。在青少年眼中，他面前的一切都发生了变化，他自己，他的朋友，包括你，在他眼中都变得与以往不同了。

所以，如果你觉得孩子的情绪和行为让人琢磨不透，一会儿成熟老练，一会儿又像2岁孩子一样幼稚，完全不用大惊小怪。这一刻他是通达机敏的少年，对时局政治抱有高见，下一秒又心智倒退，乱发脾气。他起伏不定的行为表现恰恰反映了他充满矛盾的内心。

青少年本质上是不稳定的。在这个时期，他开始发展出真正的共情能力，会站在别人的立场上思考问题。但与此同时，他又高度以自我为中心。他的思维能力有了飞跃式的发展，能够理解诸如民主和正义这样的抽象概念，但同时也最容易冲动、判断失误和盲目选择。你可能会搞不明白，一个人怎么能前一秒还和颜悦色，下一秒就狂吼怒号起来。有时候你会觉得这个孩子将来肯定能干一番大事业，但不久你又开始担心他能否从高中顺利毕业。如果你有这样的困惑，不用担心，大家都一样。

青春期的孩子正经历着身体、思维和心理上的巨变。目睹孩子经历青春期是一桩妙事，但也令人心惊胆战。看着他日渐成熟，自我意识觉醒，为人更独立，你会为之欣喜；但这些变化来得如此迅疾，也给周围所有人带来不安。孩子不仅面临身体上的变化，在更深层次上，他还要挣扎着去探索一些意义更深远的问题：我是谁？我信仰什么？我要成为什么样的人？怎样才能成为这样的人？这些问题之前对他似乎毫无意义，但现在已经迫在眉睫亟须回答。唯有找到答案，他才能从依赖旁人的孩童蜕变为自立自足的成人。这些问题影响着他的日常决策。作为青春期发展的重要部分，这种自我探索的过程既刺激又艰险。

对于孩子来说，这些问题的答案可能出现在各种各样稀奇古怪的时刻：也许是在和朋友出去玩的时候，也许是在读他认为很枯燥的小说《蝇王》

（*Lord of the Flies*）的时候，甚至是在购物买新衣服的时候。每一天上学，每参加一次课外活动，或每一次冒险，他可能都会对自己产生新的认识。

不过对于部分青少年来说，这个自我发现的过程太过困扰。他们愿意在溜冰场上冒着摔倒的风险显露身手，却惧怕学校里的一次不及格或不那么理想的成绩会暴露他们的无能。这也是导致青少年放弃努力的主要原因之一。如果把成长比作一条河，那么你的孩子就如同置身于一个毫无方向地旋转着的漩涡，里面裹挟着杂乱的障碍物。为了帮助他，我们需要找到这些隐藏的障碍物。孩子并不是懒或不思进取，他可能只是在面对自己无力控制的事情时不知所措。

本章将就这些最主要的障碍物进行讨论：孩子的身体、认知和心理发育的节奏。

童年到青春期的过渡

要明白青少年去向何处，首先要知道他们来自何方。对此，马沙·利维-沃伦（Marsha Levy-Warren）博士曾用简洁的话语解释说："在一个由成人与孩子构成的世界中，孩子感觉自己很弱小，不过知道大人会保护他们，就会觉得很安全。"孩子通过父母的眼睛看世界，他们知道自己是谁，因为他们知道自己来自哪里，长大后要成为像谁一样的人。爸爸妈妈是统治者，是国王和王后。

　　自知弱小但又深知被父母保护着，这种认识给孩子很重要的连续感。1岁之后，孩子的发育趋于平缓。每天早上起床时，他会觉得自己还是昨天的那个男孩。只要这种平和不被打破，他就会认为爸爸妈妈的统治可以永远持续下去。打个比方来说，童年就像是一个一成不变的小村镇，秩序和稳定给予孩子充分的安全感。一个上小学的男孩虽然可能会幻想着自己长大成人的那一天，但他根本想象不出离开父母的支持和照顾，生活会是什么样。在我儿子上四年级的时候，有一次他问我应聘服务生难不难。是什么促使他提出这个问题呢？在他的"长大后要做的事情"清单上，餐馆服务生可从来不在其中。我猜，他的想法是这么来的："有一天我会去上大学，大学毕业后我肯定会回家。那时我需要一份工作，因为所有的大人都有工作。我的镇子上有一家比萨店，也许我可以在那里找份工作。"他甚至问我在他攒够钱能在附近买房子之前，可不可以仍然住在家里。对于一个知道自己终究会长大但又认为自己永远9岁的男孩来说，这确实是一个非常完美的规划。

　　男孩总会不断成长，最终变成男人。但问题在于，在我们大部分的成人岁月中（正如童年时期），变老的过程是悄无声息的。我们不知不觉步入中年，有一天蓦然回首，发现自己已经垂垂老矣。青春期却不是这样，它似乎是瞬间发生的。尽管青春期会持续数年，但什么都不如一小撮阴毛更能让孩子突然意识到自己已不是小孩。他所居住的那个一成不变的小镇一夜之间发生了巨变。青春期打断了孩子的连续感，一同打破的还有他在这个世界里对自我的定位。只有当他适应了全新的、长大后的自己，连续感才会再次回归。他不会变成一个截然不同的人，但即便是你也不清楚，他究竟会变成什么样。摆在他面前的是一项巨大的挑战。11 岁男孩可以轻松变成 12 岁男孩，但 20 多岁以后就要成为顶天立地的男子汉了，要能胜任一份工作，抚养自己的孩子，甚至为社会贡献力量。人类的繁衍存续正是仰仗于此。踏入外部世界是一个人人生中最具挑战性的转变，需要花费数十年，所以你的孩子是在负重前行。

进退之间

　　要成功蜕变为一个合格的大人，孩子必须摆脱对你的依赖，学会自立。也许你已经意识到，这种独立的实现往往伴随着争吵和冲突。童年不会轻易为青春期让路，所以你会发现这种矛盾将以各种形式上演。刚步入青春期时，孩子可能时而用深夜迟归的方式吓唬你，时而又窝在沙发上靠着你撒娇，时而高呼隐私万岁，时而又穿着内裤在房间内乱跑。他的袜子丢得满屋都是，因为在内心中，他仍然希望你能像以前把他当作小孩子一样全方位照料。

　　不过，他也希望自己比你更成熟，毕竟他就是这么跟朋友吹嘘的。在同伴面前，他表现得像大人一样强悍。他喜欢与朋友走路到比萨店就餐，甚至想要自己开车出去溜达。他觉得自己已经可以做一些你认为他还不能做的事情。但与此同时，他又想得到你的关心。青春期是隔开童年和成年的河流，河上的桥梁会将他从依赖带往独立，这座桥梁就是孩子成长进退之间的矛盾心理。

矛盾心理往往被误解为两种都不强烈的感觉，比如：我可以去看电影，也可以待在家中，对我来说都行。但对于孩子来说，是同时拥有两种强烈而互相冲突的感觉：我很想去看电影，又很想待在家中，但我无法待在家里的同时又看电影。矛盾心理是面对一件事时既兴奋又恐惧的感觉，令人时而前进时而退缩。一方面你的儿子的确想长大成人，另一方面，他又渴望一直做个孩子。

青春的实质就是矛盾。孩子的这种心理左右着他的大部分行为，令你抓狂。有时他昂首阔步迈到桥的"独立"一端，这时你和他一样感到由衷的骄傲。有时他又会跑回"依赖"的一端，若是跑回来与你温情拥抱那还不错，但若是跑回来冲你大呼小叫，你的心情恐怕就不好了。

身体变化

从依赖到独立的第一个转变表现为青春期的身体变化。对你的儿子来说，这些变化是最初的信号，表明他正在失去一直以来已经习以为常的连续性。他此时不算小也不算大，而你又不能像以前那样把他当作儿童。他长得更高，毛发更旺，开始散发体味。我与我的青少年咨询者安排每周会面，甚至能觉察到他们的体形会较上一周明显变大。

　　青春期的身体发育有时候是混乱的，男孩子下半身比上半身提前一年结束发育。青春期的男孩举止笨拙，他们还不知道如何协调与躯干不成比例的四肢。在某一段时间里，男孩的脚已赶上成人，但仍需光顾青少年服装店。一双大脚的确会给他们带来一些不便。这种陡然增速的生长以及随之而来的肌肉促使男孩参与更多的体育活动，那些在儿童时期发育领先的孩子则可能丧失自己的优势。青少年对自己的身体发育是非常敏感的，一方面是因为这涉及性器官的发育，另一方面还因为这种发育引起了不确定感。处于青春期阶段的孩子无法确信自己的状态是否"得当"。一名七年级的学生会和他所有的朋友一样升入八年级，但令他不安的是，他只是少数几个开始变声的男生之一；或者更令他惶恐的是，他只是少数几个还没变声的男生之一。

　　新的身体需要更多的照料，需要除臭、脱毛，偶尔还需要熏蒸。如果孩子开始自觉地做这些，说明他正在实现独立。你还需要提醒他冲澡吗？他早上能自己起床吗？他必须基于自己现有的强壮体格和力量重新评价自己，包括想明白如何与突然比自己矮一头的父母沟通相处。

　　突然增速的生长发育还在心理层面对男孩产生了影响，在他和他的童年之间竖起了一道物理屏障。他第一次意识到自己人生的一个阶段已经结束。蹒跚学步的幼儿知道自己已经不是一个小婴儿，但他意识不到这种转变是怎么发生的。5岁的幼童知道自己已经可以够到盥洗池，可以自己系鞋带，但不会去想，自己不再是那个学走路的小孩。青少年却不是如此。听到青少年追忆自己的童年总是让人想笑，在他的言语中，童年仿佛是久远缥缈的事。在他心中，童年是一个与现在迥异的时期。跨入青春期的门槛，他开始意识到以前从未留意过的事：时间的流逝。这种时间意识让他认识到人生的另一种可能性：生命终有尽头。这对任何人来说都是个可怕的认识，这会让他不安地明白，成年生活就在眼前，即将开始，他必须要启程了。

青春期还带来一个可能令父母觉得最难接受的变化。突然之间，你的孩子不再想与你交谈，不想让你进他的房间，不愿意听你问起他的学校生活以及朋友，他宁愿窝在自己的房间用流媒体播放电影，也不愿意在客厅与你一起观看。一名16岁的咨询者最近告诉我："我已经很久没有和我爸妈说话了。我不关心他们，也不想和他们待在一起。我爸对此很不满，这让我觉得很烦，因为我真的不想操心这些事。"

在此之前，他拥有自己的生活，但你也一直参与其中的方方面面。你送纸杯蛋糕到他的班里，与他的老师会面交流，鼓励他实现目标，为他的成绩喝彩。你认识他的朋友，他们可能还曾在你家过夜。但现在他想要与你保持一定的距离，因为他现在有了自己秘密——他现在已经萌生出性欲望，而你是他最希望隐瞒这一点的人。

你只能在很偶然的情况下发现你的儿子有性活动的蛛丝马迹，因为他会不惜一切隐藏痕迹，拒你于千里之外。安东尼·沃尔夫（Anthony Wolfe）在他的书中写道："性欲对于青春期的男孩非常重要，但他希望自己的父母对此毫不知情，为此他选择与他们保持距离。"我认识的一个男孩几乎是在一年的时间内变成了另外一个人。青春期带走了他的笑容。一段时间里，这个曾经开朗友善的男孩极少对自己的家人开口讲话，他充满防备的双唇不露一丝笑容，脸上写满了"家人勿扰"的表情。幸运的是，长大成人后的他成为了一名温暖和善的年轻父亲。亲子间的冷战不会持久，一旦孩子完全接纳了自己的性欲，就会再次向父母敞开内心。只有到那个时候，他才能作为一个年轻的男人，开始自己的人生。

心智变化

青少年的生理变化为他们凿通了离开童年的单向出口，而其思维则需要经历量子跃迁般的变化，才能最终帮助他们解答那些横亘在眼前、关于意义和存在的迫切问题。青少年思维能力的发展不是"积跬步成千里"或"逐渐绽放"的，而是大爆炸般瞬间完成的。

儿童的思维锚定在具体世界之中，他只能将理性应用于他所经历、触摸或见到过的东西。他通过自身的见闻认知世界，抽象概念还不在其能力范围之内。他理解"国家"的概念，因为他就生活在某个国家。他知道国家实行民主制度，因为他看到过自己的父母参与投票。他甚至理解君主政体，因为他在成长的过程中听过许多关于国王和王后的故事。不过，如果问一名四年级的学生，言论自由对于民主的意义，他会茫然不知何意。我有一名非常聪明的八年级的咨询者，他抱怨说自己被班级里的一个问题男生奚落。我问他是否理解"住在玻璃房中的人不应该扔石头"（自己有弱点就不该批评别人）这句话是什么意思，他回答说："住在玻璃房中的人扔石头会打中自己，会把玻璃打碎毁掉屋子。"仅凭他自己的理解，他还不能提炼出这个习语的象征意义，但数月之后，他的智力就会实现惊人的飞跃，能进行抽象思维。我仍然记得自己当初不明白为什么"一磅羽毛与一磅石头同样重"是什么道理，然而有一天就突然开窍了。

抽象思维是通向概念式思考的大门。与儿童不同，青少年对事物的理解不需要依靠亲身经历，他可以脱离自身经验，验证自己大脑中形成的观点。这些观点不仅可以帮助他更好地理解看到的事物是什么，还可以帮助他想象未知的事物可能是什么。比如，通过归纳和演绎推理，他可以在信息缺失的情况下，从散落四处的事实中找出关联。演绎推理是指从普遍原则出发，将普遍原则应用于具体事例的方法。例如，所有十一年级学生都有家庭作业。约翰是一名十一年级学生，因此约翰有家庭作业。与演绎推理相反，归纳推理是由具体事例得到普遍原则的方法。例如，午饭时我在熟食店看到三个孩子，我推断他们肯定这天放假。

这些思维能力还可以让青少年做出一些令你意想不到的事情——把握事物的因果关系。当然，有太多的时候他压根儿不会考虑自己行为的后果——比如当他夜晚溜出家门或带着一瓶打开的伏特加开车时——不过他现在已经可以理解历史文章中讲述的关于美国独立战争的起因了。

除了语言思维，视觉空间推理能力也是青少年思维发展的一个重要领域。这种类型的思维包含对图像和空间的理解，比如识别图形和分析空间关系。拼图时，你会同时使用到视觉演绎推理（观察盒子上的图画，思考哪些碎片应该放在哪里）和视觉归纳推理（找出所有角或者用所有的蓝色或白色碎片拼凑天空）。

不仅如此。在这个阶段，你的孩子还会反思自己的思想，这被称为元认知。通过元认知，他可以评价自己的观点以及别人的观点。儿童时期，孩子只有一个参考系，就是自己。他是宇宙的中心，不是因为他自私的天性，而是因为这是他观察事物的唯一方式。从他的角度来看，老师只有在他可以看到的时候是存在的；放学后直至第二天早上这段时间，老师就像挂在教室橱柜里的衣服一样。到了青春期，他的视角逐渐发生转变，拥有了能够站在别人立场上考虑问题的能力。这种从他者角度看待问题的新能力开启了青少年的共情和自我意识。获得了这个新的视角后，他开始有能力思考别人如何看待他。所以，当你因孩子夜里晚归而不许他出门的做法遭到孩子的质疑时，你应该意识到他其实是在用他新习得的推理技能与你过招。这时候你在坚定自己立场的同时，也应该为他的成长感到开心。

现在你的孩子开始接触更广阔的世界：政治、艺术以及各种与精神世界相关的内容。我喜欢与青少年相关的工作的原因就是他们对自己的新思想充满热情，并且能够进行精神层面的交流。不要对孩子在这个发展阶段表达出的观点过分担忧，他才刚刚开始进行批判性的思考。

新的是非观

在抽象思维的帮助下，孩子此时在道德领域也取得了重大进步。是非观随着孩子的发展而发展。对于幼童来说，道德属于因果的范畴。小孩子遵守规则是为了避免惩罚。渐渐地，孩子才发展出内心的道德感。起初，他努力成为好孩子、好朋友或者好同学，以期获得别人的认可。接着，通常在小学高年级和中学时期，孩子开始理解"个体遵守规矩，集体就会受益"的道理。

道德发展的顶峰是对"社会契约"这一抽象概念的认同。这份契约基于"大众利益"的概念，即要求群体中的每个个体限制部分个人自由，而群体则通过建立习俗、制定法律来保护个体成员的利益。在契约之下，每个人都受益。一个人往往需要到二十几岁才能够充分理解这其中大部分的概念，而有些人一辈子都做不到。我们常认为孩子在青春期就已经获得了与成人等同的道德上的成熟，但根据迈克尔·汤普森（Michael Thompson）的观点，八年级的时候，50%的学生所做的道德决策仍是基于自己的行为是否会招致惩罚而做出的。

绝大多数青少年都有辨别是非的能力，只不过有时候他们所遵循的是非观与你不同。在青少年的生活手册中，风险是理所应当的存在，是他学习东西的方式。在这个崭新的自主世界中，青少年觉得应当行使自己的权力，并且热衷于试探其权力的边界。他可能会藐视你的规则或建议，不是因为他缺少价值观或道德，而是因为他要保留自己选择某些东西的权利。在这个时期（我知道感觉像是永远，但其实只会持续几年），孩子的道德标准取决于他的朋友圈子，而不是你。青少年的道德观所反映的是对同龄群体的忠诚，而不是对你或社会。在这个时期，他更多追求的是成为"好朋友"，而不是"好孩子"。

撒谎

青少年会撒谎，他们每个人都会。好吧，这话是有点夸张。作家布兰森和梅里曼在基于他们审慎调研的成果所撰写的《育儿真相》（*Nurtureshock*）一书中提到，接近96%的青少年都会撒谎。如果你家的男孩是一名放弃努力者，那么他尤其不太可能是剩余的那4%不撒谎的孩子。许多家长向我表达了对孩子撒谎的担忧。这份担忧自有道理，毕竟这些父母都是诚实可靠的人，当然希望自己教养出的孩子有道德、守规矩、可信任。我没见过几个是非不分、真正不诚实的孩子，我可以非常肯定地告诉你，你的孩子撒谎并不是因为他天性如此，也不是因为你的教育方式有问题。

为孩子在道德行为方面制定规则自然十分重要，但你也需要明白孩子撒谎的原因。不要反应过度，因为那只会让孩子在你面前更加遮遮掩掩。撒谎不仅是成长的一部分，也是做人的一部分。你就没有撒过谎吗？我猜96%的成人都撒过谎。

孩子在2岁左右的时候学会说不，当他知道自己可以说"不"后，这个字就成了他最喜欢的词汇。这是他初次尝到自主的滋味。很快，他发现，如果你没有看到他把那盏灯打碎，你可能就不会知道这回事。孩子对你撒谎是为了宣告自己的独立。他觉得自己可以独立处理事情，所以你知道的越少越好。此外，他也会为了避免自己陷入麻烦而撒谎。

我知道你的想法（因为我也是这么想的）：撒谎只会让事情变得更糟。但对他而言事情并不会变糟糕，真的不会，尤其是当他被抓到没写作业这种情况。我的一名17岁的咨询者经常置身于这种情境，他告诉我说："这时候首先想到的就是撒谎，虽然我也知道最终自己会被揭穿，被说教一通，但每个谎言都能让说教来得迟一点。"罗莎琳德·怀斯曼（Rosalind Wiseman）在《男生世界生存法则》（*Master Minds and Wingmen*）一书中指出，诚实带来的自我满足，与用谎言避开父母的盛怒和失望所带来的即刻轻松感相比较，前者往往败给后者。而且孩子经常会低估谎言被揭穿的概率，这通常是因为他在赌自己能蒙混过关，因为即便三个谎言中有一个被揭穿，他仍然还是赢家。

对孩子进行信任教育非常重要，而孩子也的确在乎自己是否令你失望。给他一些教训让他学会承认错误和承担后果也十分有必要。不过，盲目信任孩子并不可取，你也许觉得你可以无条件信任自己的孩子，但这只是错觉。

在很多情况下，当孩子犯错时，与其纠结于他对错误的掩饰，不如直接对他的态度进行惩罚。担心孩子撒谎通常于事无补，有时甚至适得其反。孩子在你外出时带朋友来家里，并且事后向你隐瞒此事。你抓住了他，对他禁足以示惩罚。不过，如果你的准则是"如果你没有撒谎，对你的惩罚就不会这么重"，那么你就会令自己陷入难堪：你回到家，他告诉你他带朋友来家里了，这时候你不得不表扬他的诚实，可同时你对他的禁足时间是否要从两周缩短为一周呢？

身份的缺失和寻找

前方有大千世界、形色万物在等着青少年。不过，他还不清楚自己将拥有怎样的样貌、多高的身材、多强的体魄，更别说上什么大学、做什么工作。他只知道成年这件事避无可避。进入青春期，你的儿子需要以某种方式来表达自己是谁，自己想成为谁，以及希望别人如何看待自己。他需要一个身份，一个与过往相关联的身份，让他知道他现在是谁，该去向何处。

你知道他仍然是原来那个男孩，他性格中的各个方面仍可以在他的幼年或少年找到源头。但现在，他觉得自己必须找到一个全新的角色。换句话说，就如他的身体和心智一样，他的身份也要同步成长和成熟。这个身份必须足够坚固，能使他稳稳立足于一个骤然扩大的世界。《绿野仙踪》的结局是童话式的：桃乐丝决定在追求内心渴望的同时守住自己的后花园。然而，对于一个一心想要搬离父母家，甚至离开舒适的旧环境的年轻男孩来说，后花园是远远无法满足他的。实际上，青少年的大脑决定了他们要追求新鲜事物，这一点我会在下一章中详细介绍。

青少年不断实验、摸索。他们在学习新东西、结交新朋友、提出新观点之时，也在尝试新的身份。青春期是为数不多的可以进行这种成长实验的阶段之一。你看他经常摆出一副痞酷的样子，这其实是他在尝试重塑自己的形象，以期得到他人的肯定。他的内心活动是："让我试试我是否可以成为这种人。"经过一番上下求索，他最终会清楚自己的爱好和优势所在，找到与自己志同道合的朋友，确定自己的家庭和社会角色。他针对这些问题给出的答案，会伴随他进入成年阶段。

我的一位22岁咨询者曾这样回忆他的这段经历。

"那段时间，我开始有自己的想法而不是借用别人的观点。我记得当时我不喜欢自己的宗教，考虑皈依佛门，为此还和我的父亲讨论了一番，但最终还是决定依然信奉犹太教。我开始思考很多东西，从政治到青少年怀孕等不一而足。现在来看，那个时候我正在试图找到自己的身份定位。

13岁时，我执意要买一件布恩农场的 T 恤。布恩农场是嘉露酒庄旗下的一个甜酒品牌。虽然不清楚为什么，但那个时候每个爱装酷的孩子都必须有一件这样的 T 恤。实际上，我们认识的人都不喝那玩意儿。布恩农场与其说是地位的象征，不如说是一个吉祥物。在这方面，所有青少年都同属一个阵营，他们拥有自己的品位，追求父辈们所无法理解的事物。这其中的乐趣，当然一部分是因为布恩农场代表的是酒精。虽然我们穿着印有动物图案的 T 恤，但是可以通过它拥有象征着成年人的身份定位。"

尊重你的孩子对自己身份的各种探索，他需要你看到他的变化。在保证安全的前提下，支持他摸索尝试。有些家长的底线是佩戴耳饰，有些则可以接受文身。当他的行为超出你的底线或者违背你的价值观念时，让他选择别的方式施展拳脚，比如用前卫的发型代替文身。但是要注意的是，你不能吹毛求疵或居高临下地命令他，这样只会让他更加执着于他想尝试或正在尝试做的事情。尊重孩子探索身份定位的过程，这个过程不只是着装那么简单，其心理动因也不只是因为在意他人的评价。

尽管孩子可能不承认，但实际上他仍在关注着你的一举一动，并借此来揣测自己现在是什么样的人或将来会成为什么样的人。父母以身作则在这个阶段分外重要，因为这时候孩子对你的观察相比之前更为密切。过不了几年，他将会对自己有一个更为可靠的认识。这种认识将包含你在教养时所秉持的所有价值观，但同时又有他独一无二的个人观念。不用害怕，你向其灌输的所有价值观仍然会存在于他的性格之中。

朋友

青少年主要通过朋友来建构自己的身份。相比学习成绩，你的儿子其实更在意自己的社交生活以及自己在朋友心目中的形象。因此，作为一名心理医生，当遇到一个放弃努力、无法很好地融入同龄群体的孩子时，我会先帮助他解决社交问题。孩子不再依赖你告诉他应该怎么行动、感受和思考，但又无法全凭自己订立标准，所以他必须转向别处去寻求认同。于是，朋友便登场了。青少年通过彼此参考来决定自己如何立足于世上、穿什么衣服、听什么音乐，甚至如何看待学习（这当然一点都不酷）。受欢迎的孩子拥有最高的地位，普通孩子则希望得到他们的垂青。我的一名八年级咨询者曾经向我描述同学之间关于谁穿、谁没穿添柏岚（Timberland）靴子的八卦，听得我忍不住大笑。在我14岁时，添柏岚就已经是潮流的尖端，十分流行，没想到时隔这么多年它依然火爆。当然，如今仅仅拥有一双靴子是不够的。这名男孩还问我，我们过去是不是也习惯拖着脚走路、踢鞋底、鞋带系在中间位置而不是最上端。

青春期早期的孩子容易将他的朋友理想化，一如他年幼时给父母加滤镜。我认识的一名中学辅导员说，她的学生们最喜欢的颜色都是米黄色，因为每个人都想融入大群体。幸运的是，随着年纪的增长，青少年的自我意识和批判性思维会让他更具辨别力。

情绪

青春期是一个喜怒无常的阶段，青少年的情绪比儿童和成人来得更强烈和深沉。他不知道如何处理新的欲望和体验，有时候会涌起自己无法驾驭的强烈冲动。

你会看到他的心情阳一阵、阴一阵，像在戏里一样。这些表现恰恰说明他正在努力掌控自己的情绪。骚动不安并非源自内心的情绪，而是源于管理情绪的方式，心理学称之为自我调节。这种骚动在放弃努力的青少年身上出现得更频繁。汽车用油门控制行进速度，房子用空调控制温度，而一个人的情绪管理能力取决于很多因素。就像青春期的其他很多方面，孩子的情绪调节能力也是爆发式发展的，并且他也在试着摆脱你的协助，想要独立做好情绪管理。由于青少年的身体和心智迅速变化，他迫切希望周围的世界能够作为固定的锚杆。他们同样认为现在所面临的挑战和情绪会永远持续下去，这既包括约到朋友们眼中的校花的欣喜，也包括被校篮球队拒绝后的失落。我们成人知道世界不是这样运转的，我们明白世界上唯一不变的就是改变。

你需要告诉孩子，坏情绪不会致死，任何情绪都非永恒。下一次他沉溺于痛苦时，你可以劝解他，比如对他说："现在你的世界在下暴雨，你觉得像天塌了一般，令你痛不欲生，但雨不会一直下，也不会全世界都下。到了某个时候，乌云就会消散，你会重见天日。不要忘记飞机能飞到乌云之上，乌云之上一直有晴空。站在乌云上头看，一切其实没有那么糟，也一定会好起来的。"

范式转移

到现在，你应该明白从童年到青春期的过渡是多么影响深远且意义重大的转变了吧。对所有人来说，这个过渡都会非常艰难。有句俗话说："说不清成长之痛究竟独见于青少年，还是所有人都会遭遇。"为了孩子的成长，你必须让他开始独立思考、形成自己的见解、检验自己的信念。要做到这些，他需要一些自由去迷茫、冥想、质疑和沉思，这种自由也是一种自主。只有你肯放手，才能成全他的自主。在孩子的青春期，随着他的心灵和身体发生巨变，家长也必须转变角色。

在上述论及的所有变化之中，最难接受的是你与孩子之间关系的改变。

他仍然崇拜你（尽管他不承认），但如今他看待你的眼光更加客观。他对你的依赖日渐减少。《疯狂的青春期》（*Yes, Your Teen is Crazy*）一书的作者迈克尔·布兰德利（Michael Bradly）说："很少有人能意识到自己与孩子竟曾如此亲密，直到孩子的青春期到来之后与他渐行渐远。我们没有意识到，原来我们将如此多的对养育和爱的需求加诸孩子身上，直到有天他将这些撕碎，扔在我们脸上。"心理学家将这个过程称为分离和独立。我更愿称之为断离。他必须停止视你为神，不再认为只有你能爱他、给予他认可。正如《绿野仙踪》中，托托拉开窗帘揭露出奥兹国的真实面貌。我并不是说你给他的爱也是个骗局，但《绿野仙踪》里的巫师之所以能说服他人，是因为翡翠城的市民们需要信任他。桃乐丝在认清巫师的真面目前不能自由离开奥兹国（童年）。同理，孩子若要成长，也必须认清自己的父母并没有魔法般的力量，也不是万能的。断离的过程充满痛苦，并且对于某些家长来说格外艰难，然而却是孩子走向自立的必要环节。

养育各个年龄段的孩子都需要耐心和克制。但青少年拥有特殊而强大的冲撞力，能够让脾气最温和的父母丧失耐心。他急切地追求自由，而你担心他的安全，结果导致冲突不断：他想与你拉开情感距离，而你则想保持亲密关系；他攻击你的性格，而你则希望被崇拜和尊重，保持家长的权威。当你正处在这种角色转变的风暴中时，你需要牢记以下几条。

不要较真。尽管表面上看，他开始不把你当回事儿，排斥你，甚至讨厌你，但其实他只是在努力与你分离。你较真的话，只会感到愤怒、沮丧、受伤，甚至有负罪感，而这些感受会令你心态崩塌，而他却无动于衷。

孩子对成长的矛盾心理在家里表现得最为突出。在家里他会表现得懒惰、不负责任以及要求苛刻。我不是让你默默忍受这一切，而是让你不要错认为他永远不会长大，或者在你干预无效时太过失望。

了解你的情绪，包容它们，而不是发泄在孩子身上。这是养育青少年最难的部分。他会激起你各种各样的情绪：愤怒、沮丧、恐惧，当然还有快乐、骄傲、错愕等。和你的朋友、伴侣倾诉，必要的话找心理医生聊聊，但不要把自己的情绪倾倒给孩子。

尊重他。你要让孩子知道你在认真聆听，这并不是说你必须赞同他说的一切或者放任他做一切他想做的事，而是你需要尊重他，不去贬低他的想法。即便这想法真的愚蠢，也不随意贬斥，而是理解他的立场。

订立规矩。孩子需要的监督并不比前几年少，只是现在你要注意隐蔽。让他知道你就在身边，在关注他，并且在必要时会立即现身出手。

尊重他对独立的追求。对孩子而言，采纳你的建议、征求你的意见、和你一起外出就餐都是对他自主权的侵犯。他仍然需要你的指引，只不过不像小时候那样多。他需要自己不断摸索、试错。实际上，只要在安全范围内，他的错误决策比正确决策更能让他学习进步。

孩子走向独立自然可喜，但凡事只考虑自己也有阴暗的一面。如果你能站在他的立场上看问题，那么这种阴暗就更容易承受一些。

他会觉得你很愚蠢。青春期从"木车轮到汽车轮胎的过渡"（琼尼·米歇尔的诗）更像是一个钟摆运动，而不是持续地向前进展。那个曾对你唯命是从的乖巧男孩现在会不顾一切与你作对。据说马克·吐温（Mark

Twain）曾有一段讲述："14岁时，我觉得父亲特别愚蠢，几乎无法忍受他在我身边。待我21岁时，我惊讶地发觉，父亲在短短7年内进步巨大。"青少年会将他的批判性思维技巧应用于所有事物，包括你，这是因为不同于儿童，他会拿自己与别人比较，包括他的朋友、老师和父母。这种比较使他能够更为客观理智地认识自己和他人。

当他批评你的日常锻炼太"老套"，或者因为你从杂货店一次带回来几个塑料袋（他还不帮你把买的东西拿出来）而斥责你污染环境的时候，不要急着发火。试着欣赏这些言行背后反映出的他对世界的思考。这个时候不要和他较真，他只是正在琢磨如何做自己罢了。此时你不妨自嘲一下，彰显你的风度。我曾经跟我的儿子说，有个机构专门帮助爸爸是傻瓜的孩子，从他小的时候我就开始给那个机构捐钱，以防将来他也会需要帮助。将孩子发表意见视作让他深入思考、建立有力观点和探索真相的机会。

他开始质疑一切。由于孩子现在越来越喜欢挑战权威，他会开始变得有点多疑或愤世嫉俗。他发现曾经代表着终极权威的父母或老师，说话也前后不一。他观察到你行为中有诸多矛盾之处。有的家长问我如何让孩子摆脱手机瘾，这时我总是不免尴尬地笑着反问他们，你们自己不也是每天一睁眼就看手机吗？孩子其实一直都知道你的矛盾言行，只不过现在他看得更仔细。这是好事，你只不过是在向他示范如何做一个普通人而已。记住这一点后，就不会为他的顶撞而感到心烦意乱了。

他会挑战权威。泰勒是一名十一年级的学生。最近老师让他阅读《小熊维尼的道》（*The Tao of Pooh*），作者本杰明·霍夫（Benjamin Hoff）

在这本书中以奇异的笔触介绍了东方哲学。泰勒对此书的见解是："我们的学校遵循儒家思想，但我希望学校教育能够更偏向道家哲学。"他的意思是学校要求学生顺从老师，听从老师的教诲，而不鼓励独立思考。在得出这个结论前，泰勒梳理了每个信仰体系的基本（抽象）原则，并分别进行了比较。不过我没有指出的是，他对学校的批评恰恰体现了他自己的矛盾之处：如果没有学校的优秀课程和教育，他从一开始就不会形成这样的批判性思维。

他会很固执。青少年在表达一个新的观点或信念时往往充满激情，但他同样也会非常固执。与一个狂热分子共处一室并不容易。青少年产生过激反应是因为他想要独立但又对自己的观点和结论缺乏信心。莎士比亚在写出《哈姆雷特》（*Hamlet*）中的名句"她抱怨太多了，我认为"时，脑海中必然有一个心防很重的青少年形象。青少年在遏制自己仍想让家长告诉他如何思考的欲望。在某段时间内，他需要通过打击别人（至少是超过17岁的所有人）来建立自己的立场。所以当他有些过于尖锐或无礼时，不要生他的气。不管怎样，如果他想把我们犯下的所有错误都纠正过来，还是需要一点点理想主义的。

他会很自私。青少年以自我为中心，他的家长和兄弟姐妹常会感觉被他鄙弃在尘埃之中。也许你会认为这与前面说的青春期发展出的共情能力相矛盾，但你要知道青少年的心智并不是立刻就发育成熟的。共情的形成需要时间，只不过有些人形成得早，有些人则要迟些。但目前这个阶段，站在别人的角度思考问题这项新能力，通常只被他用于形成自我认知时。

聚焦放弃努力者

放弃努力的孩子同其他青少年面临同样的问题，只不过表现得更为突出。若将大学视为发展时间线的终点，以及实现家长心目中的独立为标准的话，他似乎是落后了一拍。单"落后"这个词其实并不准确。实际上，他在某些方面是领先的，另一些方面也表现正常。问题只是出在他和你都对这种不均衡发展感到焦虑。

所有青少年都隐秘而真实地怀疑自己在现实世界中取得成功的可能性。在无畏和冒险的表面下，通常掩藏着一颗脆弱而恐惧的心。放弃努力的青少年面临的挑战更为棘手，因为他往往焦虑不安，对自己的成长没有信心。实现从依赖向独立的转变于他和你而言都困难重重。他似乎被困在那里，在桥中间进退两难，或者像一片被卷入旋涡里的碎屑。但他从不流露这些感受，因为这会暴露他千方百计想要摆脱的依赖性。他对学业表现出满不在乎的态度，让自己尽量不投入其中。他仍然坚持自己的独立，并且想获得属于成年人的奖赏，但同时又固执地拒绝为能够帮助他进步的事物担责，比如一个好的成绩。此外，你每推他一把，他都会努力地抗挣一番。

放弃努力的孩子所存在的特殊问题与普遍的青春期问题交织缠绕，形成一个巨大的结。要解开这个结，我们每次只能捋顺一个线头。相比普通青少年，他的矛盾心理可能更突出，但是他奋力追求自立的姿态是普遍的青春期现象。所有青春期的男孩都习惯用逃避的方式对待焦虑，但放弃努力的孩子则表现得更为彻底。下面，我们要阐明青春期发展的另外两个方面，由此揭示它们对孩子的影响。

崎岖不平的成长之路

成长的道路从来不是笔直的，有的起错方向，有的行至路断，有的平坦后陡转，有的到处坑坑洼洼。每个人都会经历青春期，但每个人的路都不完全一样。

放弃努力的孩子尤其如此。虽然每个男孩子都有自己的发展节奏，但放弃努力的孩子通常在一个或多个方面落于人后，包括成熟度、思维力、执行力和自制力。简而言之，他还没有做好成长的准备。但是你要放心，他终究有一天会抵达彼岸。他迟早会长大、心智增强、判断力提升，只不过会花更长的时间，可能比你预计的时间更长。但你无法控制他的成长步伐。你无法让他的发展加速，无论多少训练、辅导和心理治疗，都抵不过基因的控制。放弃努力的孩子不仅发展速度慢于同龄人——我并不是指身体发育，而更多的是指认知和情感发展，并且发展程度还不均衡。认识到这一点会改变你对他的态度。如果你认识到他的不思进取并不是缺乏意志，而是由大脑发展所决定的，那么你就会更好地完成前文所说的范式转移，也就能够更加有效地帮助孩子成长。虽然你无法加快他的发展进程，但用汤姆·韦茨（Tom Waits）的话说就是"你挡不住春天"。

以下是青少年认知发展不均衡的几个例子：

- 对概念的理解优于对概念的表达。

◆ 对事实或名称的记忆优于对数字的记忆。

◆ 阅读速度慢，但理解力强。

◆ 对历史耳熟能详，却无法阅读小说或诗歌。

◆ 智力不错，但是效率不高，因为他的大脑需要花更多的时间将
信息从一个部分传递到另一个部分。

◆ 能够理解小说的主旨和情节的区别，但无法理解质量和体积的
差异。

通常，这种不均衡对他学习的最大影响表现在执行功能方面。

如果孩子认同了放弃努力者的身份

对很多我所见过的放弃学习的孩子来说，放弃努力者是他们想要尝试
的身份之一，这个身份并非出于对未来自我的刻画，而是为了自我保护。孩
子会不惜一切代价保全自己的自尊。有些孩子面对学业压力选择更加勤奋
刻苦，而你的孩子则因为太惧怕失败而选择放弃。失败对他来说是对自我
价值的巨大打击。

他可能在很小的时候就在学校表现出某些方面的问题。也许他患有注
意缺陷多动障碍，不能持久专注于学习，也许他的发育状况在我们讨论过
的方方面面都不均衡，他的道路仍然崎岖，而他还未找到一条更为平坦正
确的道路。因此，他披上了一个新的身份，其出发点不是为了尝试新的事
物，而是为了保护自尊。这个身份就是放弃努力者——"我这么酷，不适

合学校"。

这个身份使他免于尝试和犯错，但同时也使他彻底失去了青春期成长必需的摸索和冒险。也许他能像放弃努力的魅力型孩子一样，在学业之外散发光彩，比如社交或其他课外领域，这种孩子往往能另辟蹊径。然而我所认识的许多孩子，在退出学业这个竞技场的同时，在其他方面也始终无法占据一席之地。这些孩子仍有希望，只是家长需要花更长的时间去拯救他们。

总有一天，你的孩子必须要为自己负责，所以你现在要帮他打破困局，让他停止与你激烈对抗，学习发挥自身优势，建立信心，靠自己的力量重拾学业。

第三章

尚待健全的大脑

多希望能在 20 岁时穿越回 16 岁，告诉当时的自己："你蠢透了！"

——乔纳·普里 23 岁

He's Not Lazy:
Empowering Your Son
to Believe in Himself

乔治最近做了不少蠢事，但最蠢的莫过于被警察拘留。出事那天，这个一向聪明讨喜的 17 岁少年特意将父母的小型货车停在冰球场停车区的远处。他学校的球队和当地另外一所高中球队正举行大型比赛，他盘算着比赛结束后会有许多人涌出，所以他才把车停在远处。他还特地把车窗摇上，锁了车。但百密一疏，车前排座位上一瓶开了口的伏特加正好被一名警官看到。于是，在他与朋友回来开车的时候，警察当场扣下了他。

后来乔治告诉我，他简直不敢相信自己会那么愚蠢。他说每个人都知道高中冰球比赛期间，警方会投入更多警力维持治安。我向乔治解释说，科学家早就发现青少年的大脑还在发育之中，它侧重于体验快感，追求新奇。对于青春期的乔治来说，他的这部分大脑还没有接通负责事前思考、制定计划、控制事情节奏的控制中枢。听完我的解释，乔治说他希望自己的大脑赶快完成发育。

第二章我主要讲了孩子的身体、心智、情感变化所触发的巨变。现在我们来仔细看一看是什么驱动了这些变化。我们将从神经科学的角度说明，青少年不只是我们曾认为的那样在不断进步。正如阿比盖尔·贝尔德（Abigail Baird）博士所说，青少年的大脑如同他的身体一样笨拙。新的研究已经揭示了许多青春期发展的认识误区，其中最大的错误认识便是认为青少年是小号的成人。你要明白，孩子的大脑与你的大脑有本质区别，这样你才能理解他的喜怒无常，更重要的是，调整好你对他的期望。如此一来，你在教育他的时候才会有耐心，而耐心是放弃努力的青少年的父母们最急需，也最紧缺的品质。

最新的青少年大脑研究已经表明，性激素并不是引起青春期骚动的罪魁祸首。雄激素和雌激素在人体中扮演着极为重要的角色，它们会触发大脑再次进入重要的发育阶段。以前，人们认为这样重要的发育阶段只有一个，也就是从出生到3岁，过了这个时期，大脑便进入匀速发展阶段。现在我们知道，从青春期开始，大脑会进行第二次重大重组，并且这个转变会延续相当长一段时间，直至成年早期。根据著名心理学家劳伦斯·斯坦伯格（Laurence Steinberg）以及其他青春期发育发展研究者的研究，青春期最早从10岁开始，一直要到26岁才算正式结束。

时刻变化的大脑

人类大脑最不可思议之处便是它从不停歇。我不是在说那看起来无休无止的思绪潮流，而是指贯穿我们一生的、分子水平上的大脑变化。即便我们睡着了，我们的大脑还在活动。这种现象用最简单的词汇来描述就是学习，也是神经学家所说的可塑性。也许是为了人类得以生存，大脑天生会经历几个极为关键的时期，在这些时期里，大脑变化尤为剧烈。

我们都知道青少年特别敏感，现在我们还认识到这种敏感源于他们的大脑具有特殊的可塑性，这种可塑性使他们能够回答诸如"我是谁""我将成为什么样的人"这样的问题，并使他们逐渐变得更成熟、理智、思虑周全。正是由于这个原因，青春期还享有"机遇之年"和"创新黄金期"的美誉。用《青春期大脑》(The Teenage Brain)的作者弗兰西斯·延森（Frances Jensen）的话说："青少年有一扇小窗可以帮助他们体验这个世界，弄清楚什么东西能够使他们更幸福、更健康、更睿智。"当然，这种开放性的弊端也使得青少年更容易成瘾、感受到压力，甚至放弃努力。

知识前沿

大脑从来都不是一个容易研究的对象。过去，神经科学主要依赖动物实验，以及对死人、罹患疾病、经受创伤的人进行个案研究。最著名的一个案例是1848年发生在25岁铁路工人菲尼斯·盖奇（Phineas Gage）身上的悲惨事故。盖奇用一支重约6千克的爆破管将炸药装入洞口，但炸药不知何故突然爆炸，爆破管刺入他的左脸颊，贯穿大脑，从头颅飞出后落在几米外的地上。但盖奇奇迹般地活了下来，而且还对他的医生说了那句研究神经心理学的人都知道的话："这可有你忙了！"救治盖奇的乡镇医生在病历本上记录了他的状况，借助这些记录，脑科学家们最先推测出大脑损伤与个性的关联。在这个案例中，爆破管带出了盖奇的一大块前额皮层，使他丧失了事前思考和控制冲动的能力。换句话说，菲尼斯·盖奇的案例让我们第一次对大脑执行功能有所了解。

尽管类似案例揭示了许多关于大脑的知识（当然大多数案例不像上述例子那么离奇），但我们不可能用健康人进行对照实验，研究大脑如何随着时间而发生变化。但是，得益于技术的发展以及杰伊·吉德（Jay Giedd）、B.J.凯西（B.J.Casey）和阿比盖尔·贝尔德（Abigail Baird）的努力，大脑研究领域在过去15年间发生了天翻地覆的变化。借助核磁共振成像技术，我们可以让健康的青少年静静躺在仪器之下观察他们的大脑活动。核磁共振成像仪可生成反映大脑活动的详细图像，功能性核磁共振成像仪则更像是一个电影录像机，通过监测大脑在活动时的血氧浓度，捕捉大脑活动期间的具体活跃区域。例如，让青少年分别观察哭泣的照片和吃冰激凌的照片，然后监测他的大脑会分别做何反应。

吉德博士和他在美国国立心理健康研究所的同事最先使用这项扫描技术对儿童和成人进行了纵向研究。1999年，他们率先发表了研究成果，当时这个研究领域还比较小众，只有400篇关于儿童神经成像的论文。而到了2010年，这个数目已增长至1400篇。我们现在已经知道了大脑发育要持续数十年，对于大脑不同区域之间的联系也有了更充分的了解。要理解这些研究成果，我们先要了解一下大脑的结构。

大脑结构

脑灰质由千亿个被称之为神经元的神经细胞构成。要保证大脑和神经系统顺利工作，这些细胞必须能够正常收发信号，就像一个电话系统（传统有线电话，而非手机）。神经元的中心是细胞体，它包含细胞核。细胞体是指挥中枢，用上面的比喻来说就是电话本身。从细胞体延伸出被称之为树突的短小分支，用以接收其他细胞的信号。每一个神经元有上万个树突，每个树突又都有更小的分支。

脑白质由轴突构成，轴突是在大脑细胞之间传递信号的长神经纤维。每个神经元仅有一个轴突，每个轴突又有它自己的分支。仍用电话系统做比喻的话，轴突和树突是连接每部电话的电线。

有意思的是，大脑之所以具有可塑性，是因为轴突和树突并不直接接触。当需要连接起来传递特定的信息时，它们之间会形成一个被称之为突触的间隙。这个间隙由神经递质填充。神经递质是一种带电的化学物质，因此我们说大脑布满电线，实际上并不只是一个比喻，可以说是一种客观描述。神经递质有一百多种，没有人知道确切的数目。

腺苷就是这样的一种神经递质，它是你儿子的第二最爱（他的最爱是多巴胺，对此我们将会详述）。腺苷是大脑睡眠机制的一部分。这种神经递质产生后会与它的受体结合，抑制细胞活力，使我们变得昏昏欲睡。不过，大自然同时也创造出了腺苷的孪生姊妹，即咖啡因。本质上讲，咖啡因会欺骗腺苷的受体并与之结合，从而阻断腺苷发挥作用，使人无法入睡。大多数精神疾病治疗药物就基于类似原理。选择性血清素再吸收抑制剂（SSRIS），比如百忧解、左洛复和依地普仑这类药物，就是通过大坝般的阻断作用来缓解焦虑和抑郁。它们与吸收血清素的受体细胞结合，并反过来促使大脑中已经产生的血清素活跃更长时间。

神经网络—细胞体—树突—突触—神经递质—轴突—细胞体之间的传递线路被称为神经通路。你的每个想法、感受或行动都可以理解为一系列神经元彼此连通并传递电信号的过程，比如说练习棒球、拉小提琴或者记忆元素周期表。你在做这些事时，成千上万个特定的神经通路被激活。这些事情你做得越多，神经元之间的联系就越强，这也从全新的角度印证了"熟能生巧"这句老话。此外，每当你学习新东西的时候，大脑也会形成更多的突触和受体，神经通路的数目上限是多少呢？你可以自己试着算一下：1000亿个神经元乘以10000多个可能的连接。实际上，如果让新生儿大脑中的任意两个神经元连接起来，那么他的大脑需要和曼哈顿一样大。幸运的是，自然界已经帮我们解决了这个难题，我们的大脑里根本不必架那么多电线。

进化之路

大脑的独特设计是为了让人类适应其生存环境。大脑的发育过程虽然遵循预先编码好的基因路径，但也有许多个体化的空间。因此，我们可以后天培养出许多生存所需的技能和能力，这点对于个体来说很重要，对于人类这一物种来说更重要。正因如此，人在出生时只具备一些基本的功能和可随环境发展最佳技能的潜力，而不是"全部设定完成"的。这也是为什么婴儿的神经元数量大大超出其所需，但连接好的神经通路却很少。

许多脑科学家认为大脑发育走的是进化路径，也就是从原始向复杂的方向发展，或者就是字面意义的自下而上发展。大脑的最底部是最先发育的部分，因为这部分控制着生命最基本的功能，如呼吸、睡眠、心跳、体温、平衡、提醒照料者饥饿、口渴或不舒服的能力。这部分包括脑干和小脑的结构被称之为"爬行动物脑"，因为它们与你的宠物龟或变色龙的大脑类似。新生儿大脑中，感觉和运动区域会与其他区域迅速建立联系。儿童的大脑会发展出行走、说话以及其他精细运动（抓、握等）的能力，所有这一切都在生命的第一个关键期内准备就绪。当你的儿子安静地睡在他的摇篮中时，他的大脑正以每秒200万个的速度形成突触！

一旦获得了这些能力，大脑就会剥夺相关区域的可塑性，将这些能力"封存"起来。这种固化过程确保这些功能能够在人的一生中保持稳定。我们不需要呼吸得更好或看得更远，我们只需要能够呼吸和看得见。不过，许多更加复杂的大脑功能，比如判断和计划的能力则需要较长的时间来发展。

为了理解这个神奇的过程是怎么发生的，我们用计算机做个类比。人的大脑在6岁时几乎已经具备了所需的几乎一切硬件（脑灰质），这时，儿童的大脑体积已经达到成人的90%，只有头骨还在继续生长。之后，大脑的发育主要是进行重组，这种重组可以想象成为了充分利用复杂硬件而进行的一系列必要的软件升级。这里的复杂硬件也包括了神经系统和身体。这些升级在儿童时期是逐渐发生的，而到了青春期，却突然换了一个新的操作系统，使大脑运作更加精炼和高效。

精炼

儿童时期，大脑形成了多于它真正需要的突触和神经连接。在人的一生中，大脑不断剪除不必要的连接，就像园丁修剪花木，去掉多余的枝叶，以保证主要的部分生长繁茂。

最新的大脑研究表明，这种删繁就简的过程在青春期达到顶峰。这一点非常重要。尽管青少年的大脑仍然在不断建立新的重大连接，但它同时也正忙于删除大量不必要的通路，以完成向成人阶段的过渡。吉德发现，前额叶尤为如此，那里的脑灰质体积在儿童时期和青春期早期逐渐增加，在12岁达到顶峰，之后开始下降。青春期大脑的灰质区会缩减7%至10%，某些部位甚至缩减了50%。不要紧张，你的儿子并未损失聪明才智，只是大脑正在变得更加精炼。

高效

在一种被称为髓鞘形成的过程中，大脑变得更加高效。构成髓鞘的髓磷脂是一种类似于绝缘物质的白色脂质，它包裹着轴突，使信息的传递速度加快百倍。新生儿的大脑只有脑干部分（控制如呼吸等无意识功能的区域）是完全被髓鞘包裹的。正是因为缺少髓鞘，婴儿的反应速度才会十分缓慢。随着大脑各个区域间逐渐建立联系，髓磷脂在快速传递信息方面变得极为重要。没有髓磷脂，大脑就无法应对潜在的威胁，也不能解决复杂的问题。

我们现在知道髓鞘形成对大脑发育至关重要。本质上讲，随着儿童的脑白质越来越多，大脑建立的连接也越来越强，绝缘性更高。青春期大脑进行的大量重组工作主要就是精简连接和形成髓鞘。不过，正如斯坦伯格指出的那样，真正重要的"不是重组本身，而是重组发生在什么地方"。

情感凌驾于理智

大脑发育过程在生命初期遵循的路径大体一致：大多数婴儿的发育过程和发育节奏相同或相近。所以无论你的孩子是同龄人中最先学会上厕所的还是最后学会走路的，其实都无关紧要。除了一些严重的发育障碍之外，每个人最终都会学会这些基本技能。相比之下，青春期的大脑发育路径就没有这么统一或固定了。青少年的能力发展参差不齐，这些能力包括语言能力、逻辑思维能力、计划能力和自控能力。

所有那些与青春期相关的特质，如冲动、情绪化、多愁善感等都是不均衡发展的结果。青少年并不是经验不足或决策能力差的成人，他的大脑根本与成人不同。他的大脑追求新鲜，渴望刺激，引诱着他离开你搭建的安全巢穴。他大脑中负责深思熟虑的那部分还未准备就绪。

青少年大脑和成人大脑的区别在于边缘系统。这部分大脑控制着人的情感和反应。边缘系统被设定在青春期实现爆发式发展，此时，它还未与前额皮层实现良好对接，而前额皮层正是大脑做出计划、控制冲动和抑制反社会行为的区域。此外，大脑发育不仅是自下而上的，髓鞘形成和连接精简过程也是从大脑后部逐渐向前推进的。因此，位于眉毛上方、大脑前侧的前额皮层发育最晚。这些复杂的发育过程需要相当长的一段时间——大约25年！所以说青春期可不短。

现在停下来思考一下你儿子的表现，回想一下他和朋友做出过哪些怪异的行为，他的情绪反应有时是多么不得体，心理有多么敏感。结合上述关于大脑发育的所有描述，再考虑到他大脑中负责静心做事的部分还没有形成和开始运转，你就会明白为什么那么多青少年研究专家称青春期的孩子为不带刹车的跑车。

控制感觉和反应的大脑

幸运的是，我们的大脑只有小部分属于爬行动物脑，人类大脑进化的下一个阶段是哺乳动物脑。经过这个阶段，我们的大脑便从爬行动物升级到了哺乳动物，其标志便是边缘系统的发育。有意思的是，我们的情感系统起源于记忆。人类的长期记忆储存在大脑中一个海马状的结构中，这个结构叫做海马体。紧挨着海马体的是杏仁核，因拉丁语中的"杏仁（amygdala）"一词而得名。杏仁核虽小，但影响力巨大，是大脑的守门员，同时也是产生"直觉"的地方。杏仁核评估形势是否危险，并在必要时指挥我们作战或逃跑。海马体储存愉快或不愉快的信息，帮助杏仁核决定做何反应。这种情感学习是大脑可塑性的另一个例证，对人类的自我保护至关重要。人类利用大脑储存的各种经验躲避潜在的危险，如狮子、老虎、熊等。另外，这些储存的信息还会帮助大脑识别哪些是潜在利好——比如，对于你的儿子来说，可能是那个他希望约去舞会的漂亮姑娘。有一个精准但也许会令你不适的词语可以形容这个利好，那就是性兴奋。《青春期大脑》的作者弗朗西斯·延森说道："轻微失控、过分活跃的未成熟的杏仁核是造成青春期狂躁的部分原因"。

激素

在介绍了这么多神经连接的知识之后，我们现在可以讨论稍微熟悉一点的话题——激素。与神经元产生的独属于大脑的神经递质不同，激素由内分泌系统（腺体）产生，被运送至身体各个部分。在青春期，垂体（类似于大脑的药房）释放出对大脑边缘系统有重大影响的激素。这些激素——尤

其是与战斗或逃跑反应相关的肾上腺素、睾丸素以及雌性激素——引发了青少年特有的强烈情感。

青少年在处理自己的情感时与成人非常不同，这与睾丸素的作用有部分关系。身体的发育使男孩的睾丸素水平上升30%，而且在整个青春期，杏仁核似乎对这种激素有无限需求，充盈着满满的激素受体。这就是为什么青春期男孩总是容易迸发出强烈的情感，并且喜欢争斗。处于过度兴奋状态的杏仁核意味着青少年很容易对路人的一瞥进行错误的解读，或者对女朋友与别的异性接触产生过度反应。如果再加上一点酒精的作用，很可能会产生灾难性的后果。

青少年和成人对潜在危险的理解差异更大。信息通过两条路径被传送至杏仁核，一条是观光路线，一条是直达路线。观光路线要蜿蜒穿过前额皮层，这条路弯弯绕绕，推理、反思和冲动控制如同层层滤网一般，将信息传输的速度逐渐降低。而青少年追求速度（感知—情感—干脆果断的反应），这是因为他们的大脑边缘系统和前额皮层之间的神经通路尚未成熟。换句话说，观光路线还在建设之中。

绕经前额皮层的支路是功能性磁共振成像技术（fMRI）最先揭示出的成果之一。创造出"神经笨拙"（neural gawkiness）这个术语的阿比盖尔·贝尔德与她在麦克莱恩医院的同事们使用功能性磁共振成像技术扫描成人的大脑，结果发现，给成人展示恐惧表情的照片时，他们的前额皮层会变亮。但给青少年们展示同样的照片时，却是他们的杏仁核呈现出强烈的反应。

你也许会疑惑，为什么同样的照片会引发如此不同的反应。恐惧表情比气愤表情更能代表危险，而大脑必须快速判定这个危险是真实的还是假想的。这也是为什么从边缘系统到前额皮层有两条路径。像被狮子追逐这样的可怕遭遇会触发直达路线，但是面对一些模棱两可的情景时，大脑需要一个筛选过程，然后再选择战斗或逃跑。这项研究表明，青少年并不能像成人那样正确筛选信息。更令人不安的是，年幼一些的青少年实际上会错误地识别情绪，比如说将恐惧理解为愤怒。这意味着什么？这意味着青少年判断力弱可能只是因为他处理情绪的方式不对。除此之外，还有多巴胺的作用。

多巴胺

多巴胺是神经递质界的明星，因为它总是与性、毒品和摇滚乐联系在一起。大脑中的多巴胺有多种功能，其中之一便是促使人寻欢作乐。酒精、可卡因和海洛因等药物模仿了多巴胺的作用机制（类似于咖啡因和腺苷的关系），这也是为什么这些东西给人带来快感，让人上瘾。性和巧克力蛋糕也是同理。蛋糕相当于引子，它激发依赖多巴胺的神经通路进入活跃状态，一旦这些通路被激活，它们就想持续保持兴奋。多巴胺是愉快和欲望的代名词。

尽管社会对性讳莫如深，但从生物学上来说，所有生物都要生殖繁衍。当人达到性成熟的阶段并且有了繁殖能力时，所有的系统都在协同进发。也许正因如此，当处于青春期时，在青少年大脑的边缘系统内一个被称为伏隔核的微小结构中，多巴胺受体的增长数量惊人。在谈到多巴胺对青少年大脑的作用时，取得一系列青少年大脑研究成果的芭芭拉·斯特拉赫（Barbara Strauch）写道："青少年眼中的现实世界夸张而迷幻，红的更红，蓝的更蓝。他们的世界流光溢彩，生机盎然。多巴胺将他们的心灵之墙粉刷成耀眼的亮紫色，还打开了内心的收音机，大声喊着'动起来，躁起来！'"

多巴胺受体响应着这些呼声，嚷嚷着"喂我、喂我"，青少年几乎是不由自主地去追求刺激，没有什么比冒险更能让他们满足的了。幸运的是，冒险也不总是坏的。实际上，正是大脑可塑性提高和多巴胺敏感性增强的合力作用，使得青春期成为人生的"机遇之年"。青少年擅长快速学习新事物、探索新世界。当然，你希望孩子在某些场合能勇往直前、险中求胜，比如参加辩论赛或者足球比赛；而在另外一些场合他能敬而远之、转身走开。

劳伦斯·斯坦伯格致力于研究青少年和风险判断。他通过大量研究发现，与我们通常认为的不同，在给定情境中，青少年的风险评估能力并不比成人差。令青少年陷入麻烦的并不一定是他的判断力。青少年的风险与收益评估标尺与成人不同，他们不理智地完全基于多巴胺受体去权衡风险与收益。斯坦伯格解释道："相比儿童和成人，青少年更愿意去追求可能的收益，而不去避开可能的损失。"青少年的家长和老师应该牢记这个倾向，在纠正青少年的行为时，用可能获得的收益激励他们比用潜在的惩罚来警戒他们更有效。

范式转移

这不仅是范式转移，更是一场重大的认知转变。孩子3岁时想睡觉，你不会认为他懒。你知道他在成长，睡觉是他发育的一部分。现在虽然他长成了一名少年，但其实并没有十分不同（包括睡觉）。由于他现在拥有成人的面貌和声音，你便理所当然地认为他的行为举止也应该成熟，但实际上他的大脑与你（或他的弟弟妹妹）的大脑有着结构上的区别。当然，有时他也确实表现得像个大人，比如有时候也会记得冲厕所或对你嘘寒问暖，这让你觉得他仿佛已经长大了。但不要被这些所蒙蔽，青少年的发展是间歇性的。如果你是一位父亲，很可能在孩子的这个年纪时，你比记忆中的自己更不成熟。我知道我就是这样。

我已经解释了孩子变得敏感、多变或莽撞的部分原因，也讨论了边缘系统和情感在驱动人进行自我保护时所发挥的作用，这种驱动力完全不同于追求学业优异的那种内在动机。孩子对刺激和新鲜事物的渴望并未转化为做生物实验或写历史论文的热情。也就是说，对于放弃努力的孩子，边缘系统在诱使他逃离学习，而不是把他拉向学习。如果要学有所成，做出更好的决策，驾驭起伏汹涌的情绪，你的儿子需要一个理智而平静的声音——一个来自他前额皮层的声音。

第 四 章

愚蠢的青春期

He's Not Lazy:
Empowering Your Son
to Believe in Himself

每一年的达尔文奖都会颁发给那些因愚蠢可笑的行径而酿造悲剧的人。该奖项以自然选择之父达尔文的名字命名,其授奖对象是"通过愚蠢的方式毁灭了自我,为人类进化做出深远贡献的人"。最近的一名获奖者试图在众多枪口之下抢劫一家枪店,他越过泊车店外的警车和门口站岗的保安,无视在店内转悠的许多配枪顾客,毅然决然地举起手枪射出他生前的最后一发子弹。还有一名获奖者,为了让风筝飞得更高,在风筝线上绑了一根铜丝,最后风筝缠在一根电线上,电流毫无意外地流经他的身体。在与家人去黄石国家公园旅游的时候,我还碰到一位绝对具备获奖资格的候选人,他站在写有"保持安全距离"的醒目标志之下,斜身靠近一头漂亮而危险的猛兽自拍。

这些不幸吞食恶果的人都有各自清晰的目标，却都没有思考清楚自己的行动过程。他们缺乏基本的常识和判断力。当心理学家谈起理性的声音时，他们指的是一系列被称之为执行功能的大脑运行过程。执行功能的运行区域就是大脑额叶，位于眉毛之后的大脑前额皮层。虽然我们知道执行功能运行的位置，但定义它们却不简单。我最近曾参加过一场国际会议，会上即便是世界级的专家也无法就执行功能的定义达成一致意见。这部分是由于神经心理学家测量的大脑功能——发起、维持、抑制和转变——与这些功能实际赋予人类的能力，如判断力和冲动控制力截然不同。对于执行功能，整体作用远远大于部分作用之和。

为了让执行功能的概念变得通俗易懂，教育学家和心理学家对它们的含义和作用方式做了过于简化的描述，反而使其变得更加复杂。把"发起、维持、抑制和转变"简单地理解为计划、组织和学习能力固然有其价值，但弊端是如果你用这些掺了水的定义去处理你儿子的状况，那么你就有可能会低估他所遇问题的复杂性，也无法制定出有效的干预方案。所以，在我向你介绍前额皮层和真正有效的干预措施之前，我们需要另外一种范式转移。

现在，让我们先揭示几项认知误区。

排查认知误区

误区一：执行功能是可以习得的能力。

现在，所谓的青少年执行功能训练班到处都是，许多也确实有用，但一旦教练离场，效果就戛然而止。因为这些教练所训练的许多能力是孩子根本无法控制的大脑功能。此外，青少年的前额皮质仍然在发育之中。从第三章节可知，这是最后一个进行神经通道精简、髓鞘形成以及与大脑其他区域充分建立连接的区域。换句话说，在大脑硬件就位之前，大脑的软件还无法实现升级。

纽约大学医学中心的心理学家玛丽·索兰托（Mary Solanto）博士在大量研究的基础上创建了一个认知行为治疗（cognitive behavioral therapy）项目，帮助患有注意缺陷多动障碍的成人。她最近告诉我，在注意缺陷多动障碍的患者中，相比儿童和成人，对青少年进行认知行为干预的效果非常有限。这可能是因为青少年不够成熟，不能带着责任心去学习治疗方法中的技巧，无法将其应用于日常生活。而无法应用于日常生活则是由于青少年大脑的前额皮层（执行中枢）相比成人仍未发育完善，尤其是患注意缺陷多动障碍的青少年。

误区二：放弃努力的孩子缺乏条理性。

也许孩子的条理性的确不够，但这并非问题的关键所在。家长和老师通常认为，如果孩子做事能够更加有条理和高效，那么他就能够应对一切。

但青少年并不是一个缩小版的执行官，当你像他这么大的时候，你的条理性可能还不如他。所以，不能简单地认为把书包收拾好或者及时、认真地整理笔记就算有条理。

误区三：他只要再努力一点就能解决问题

"不能"和"不愿"是有区别的。你必须承认他面临的更多是"不能"，而非"不愿"。"不能"的一部分原因是缺乏自信，但是绝大部分原因是大脑前额皮层还未充分发育或者功能还很薄弱。

如果没有执行功能

要理解执行功能的作用，最简单的方法就是观察它们不起作用的结果。假设你在一家大型杂货店，手里没有购物清单，不记得冰箱和食品柜都缺什么，对晚饭也毫无计划，因此无法购买必要的原材料。你漫无目的地在货架间闲逛，随手拿些感兴趣的东西放进购物篮：饼干、新品牌的土豆条和罐装汤。接着你走到乳制品专区，突然想起家里没有牛奶了……其困难程度，就像我的一个咨询者说："我不饿的时候没法去杂货店购物。"

放弃努力的孩子通常执行功能薄弱或不成熟，看看下方罗列的问题是否适用你的儿子。有一点需要记着，虽然注意缺陷多动障碍经常伴随着执行功能缺陷，但反之并不成立，即有执行功能缺陷并不能说明孩子患有注意缺陷多动障碍。

- ◆ 很难保持专注，尤其是当作业、工作枯燥或具挑战性时

- ◆ 能将事情推迟到明天，就不会在今天做

- ◆ 需要先被教训一顿才能开始着手做枯燥或困难的事

- ◆ 没有时间观念，时常低估完成工作所需的时间，经常拖延

- ◆ 对事情的轻重缓急缺乏认识

- ◆ 觉得从一项活动转变到另一项活动比较困难

- ◆ 在需要停止做自己喜欢的事，比如打电子游戏时，态度迟疑或
  直接拒绝

- ◆ 忘记扔垃圾、交作业或接弟弟放学

- ◆ 经常丢三落四

- ◆ 书包、桌子和储物柜乱七八糟

- ◆ 做事匆忙、粗心或马虎

- ◆ 遇到问题时只能想到一种解决办法，甚至是错误的解决方法

- ◆ 不能完成任务或需要长期规划的作业

- ◆ 时而热情四溢，时而垂头丧气

- ◆ 经常为鸡毛蒜皮的小事担心，很容易受挫

- ◆ 没有耐心

- ◆ 缺乏自我意识，不理解别人的感受

- ◆ 不能提前做计划或预测可能出现的问题

◆ 缺乏内在动机，尤其是对自己不喜欢做的事情，比如做作业

思考的大脑

经过200万年的进化，人类的大脑已经增重了3倍，体积未变，但功能更优。主司推理的前额叶是最后完成发育的区域，虽然我们很乐意把这个区域称作大脑最重要的部分，但我们要记住，在美式足球赛中四分卫也需要整个团队的配合才能赢。所以，毫不夸张地说，"思考的大脑"才是人之所以为人的条件。一点点比较解剖学①知识就能够为这个观点提供支持。前额叶是大脑中最大的单一结构，在人类大脑中占比40%，在我家爱犬莉拉的大脑中占比7%。猫的前额叶远逊于狗，其占比仅为3.5%。整个动物界，大猩猩的前额叶占比仅次于人类，但也只有17%。实际上，是大脑前额皮层协调着其他一切大脑活动，指挥着上千亿神经元。基于这个原因，前额皮层往往被喻为"交响乐团的指挥官"。托马斯·布朗（Thomas Brown）博士是研究注意缺陷多动障碍的前沿专家，他用以下比喻清楚地描述前额皮层的功能：

设想一个交响乐团中的每一名乐师都技艺精湛，但如果没

有指挥官带领、组织乐团，使每个人都按照乐谱各司其职，保

———————

① 比较解剖学，用解剖的方法研究比较脊柱动物的鱼纲、两栖纲、爬行纲、鸟纲和哺乳纲及其类群的器官、系统和结构的一门学科。

持节奏一致；如果没有他指示木管乐器的奏响或弦乐器的息音；如果没有这样一个厉害的指挥官整合、调控单个乐师的演奏，那么这个乐团就演奏不出好的音乐。

实现目标

就像专业的交响乐团需要众多乐师配合一样，执行功能也彼此（以及与大脑其余部分）整合，并且被认为具有一致的目标，这个目标就是自我调控。自我调控对个人和人类的成功都至关重要，它促使我们调整自己的行为以实现短期目标，比如烤一个蛋糕、写一篇英语作文，或准备一场辩论赛。同时它还使我们进行必要的自我控制，使我们为长期利益进行决策和行动。前额皮层指挥我们制定目标，构想实现目标的方案，并付诸行动去努力实现。可以说，前额皮层让我们具备以下能力。

◆ 从记忆库中提取相关经验和知识

◆ 在大脑中模拟"如果……那么……"场景以评估风险，构思想法

◆ 保持专注

◆ 有步骤地实施计划

◆ 关注当前多变的形势，必要时改变行动方案

◆ 克制强烈的情绪反应或冲动，直至目标达成

◆ 评估结果

执行功能

我们现在来仔细审视执行功能。记住，虽然每种执行功能都可以独立运作，但是它们自身以及它们所支持的功能之间存在大量重叠。

工作记忆。工作记忆会参与我们几乎所有的行动。不过这个名称容易误导人。它不是一种记忆，而是一个留置室，在我们执行一项任务时用来储藏所需要的信息。最简单的工作记忆诸如我们在超市购买卫生纸的同时，仍能记住购物清单上的其他内容。工作记忆在学习上的重要性不可低估，孩子在课堂上记笔记的时候，他大脑中一部分必须听老师讲，另一部分，也就是工作记忆，则要在一定时间内记忆老师讲的话，以便写下来。如果想要理解阅读内容，就需要工作记忆保存刚刚读到，目前又暂未再提及的事件、人物或角色。

工作记忆的作用不仅是暂留信息，还包括寻找信息。工作记忆在我们执行任务时帮助我们提取相关的知识和以前的经验，因此工作记忆对于问题解决和批判性思考来说都十分重要。那个被授予达尔文奖的放风筝的人，如果他能记得四年级课堂上学过的电学知识，也许现在还存于人世。工作记忆是模拟"如果……那么……"场景的地方，也是大脑动态安排事情执行顺序的地方。

反应控制。遇事听从内心弹出的第一个冲动通常结果不理想。应对处理问题时，最好先思考一遍罗列着所有可能应对方案的下拉菜单，然后从中做出选择。但这需要时间思考，并且要抑制住最先冒出的冲动。事实上，心理学家就是通过测试一个人抑制无意识反应的能力来测量反应控制能力：被测试者先观察一串用别的颜色打印的颜色名称（比如"红色"两字用蓝色打印），然后说出字体的颜色而不念出文字本身。

反应控制力决定了专注力。容易分心的人无法克制住自己对周围许多事情产生反应。反应控制力对判断力也有重要影响，因为正是反应控制力给了我们斟酌行动的时间。也许人类的发展进步就是建立在无数次给予我们机会去思考或改变方向的停顿之上。历史上有太多惨剧的发生是因为反应控制力不足。

情绪控制。情绪控制说的不是情绪，而是对情绪的反应。情绪控制力使我们在经历情绪时不被其淹没或裹挟。在前文我们曾经讨论过，信息可以直达杏仁核并在杏仁核引发战斗或逃跑的即时反应，也可以绕经执行系统。这段绕行可以使我们冷静下来，思考更好的应对方式：真要这么做吗？最好再看一看。蹒跚学步的幼童在摔倒之后号啕大哭，他还不能控制自己的愤怒和沮丧，这主要是因为他的大脑额叶还不成熟。

最难控制的情绪包括愤怒、沮丧、失望、对批评的敏感以及对事物的渴求。这些情绪可以瞬间压倒一切，对于那些有情绪控制障碍的人来说，要对这些感觉进行理性处理尤其困难。

开始、停止和转变。对于大多数人来说，着手做自己讨厌的事情极具挑战性，而对放弃努力的孩子来说则是完全不可能的事。有效的任务启动需要情绪控制、时间管理和自我监控。通常，着手做自己不想做的事意味着停止做自己喜欢的事。患注意缺陷多动障碍的孩子也能高度专注于自己喜欢的事情，他们沉迷于其中，对其他事情完全无视。对于这样的男孩，要让他关掉酷爱的电子游戏势必会引发激烈的反抗，他与家长之间的对抗恐怕不亚于游戏里的大型战争。

转变是指在开始和停止之间切换的能力，它使我们能够在当前的方案无效时灵活切换另外一种方案来解决问题。转变还使我们在形势有变的情况下修改初始设定，调整行动方案。

跳出思维定式主要靠的就是转变能力，因为转变能力让我们从不同的角度看问题。中学生喜欢玩一种颠覆自己对事实的基本假设的猜谜游戏。下次如果你和孩子在路上遭遇堵车，你可以把下面这道题抛给孩子，让他通过向你提出以"是或否"作答的问题来逐步接近答案："一个往'家'（home）跑的人却被另外一个戴着面罩的男人拦住了。你觉得这是为什么？"要解开这个谜题，你需要跳出思维定式——"家"（home）是一个人居住的地方。如果我告诉你这个事件发生在一场棒球比赛上，你就会豁然开朗了。

自我监控。自我监控需要你跳出自我，审视自己的一举一动。在最理想的情况下，自我监控应该是全天候的，像警报系统一样悬于上空。自我监控几乎影响着其他所有执行功能。反应控制和情绪控制都需要你摆脱自己的偏狭视角重新审视局势。有效地解决问题需要我们定期评估拟订的计划是否有效。

保持专注。注意力之于大脑就像呼吸之于身体，我们几乎意识不到它的存在，但却无法离开它而存活。即便我们的爬行动物脑也能集中注意力。虽然大脑的许多系统支持着这项基本的重要功能，但指挥协调它的是前额皮层。我们通常认为注意力只有"有或没有的区别"：你只能注意或不注意，但实际情况却复杂得多。一个人必须将注意力瞄准他需要注意的地方（发起），保持尽可能长的时间（维持），阻止它转移到其他更有吸引力的事物上（抑制），然后在适当的时候将其转移到别的地方（转变）。

组织力。生命的90%是关于生命维持的，因此需要大量的组织活动。组织力实际上并不是一项执行功能，而是执行功能的产物。然而，当家长和老师听到执行功能时，他们立即想到的就是组织力。在他们心中，组织力是取得学业成功的关键。

根据大脑处理信息的方式可以把组织力分成视觉性组织力和语言性组织力。知道自己物品的位置所在是一项视觉空间任务：我之前把东西放在了何处？上一次我是在何处看到的？它现在应该在何处？时间管理则涉及大脑的语言半球（对于很多人来说是左半球），因为语言信息有顺序性。看到一个词时，你遵循的是从左向右的顺序。

自语。我们每天都在同自己讲话，执行功能的发挥在很多方面都依赖这种自言自语式的沟通。例如，我们在付诸行动（工作记忆和自我监控）前思考事情或处境时，通常会与自己交谈。我们会提醒自己关掉电脑、洗衣服或者在下班回家的路上去洗衣店取回洗干净的衣服。记住，自语的重点是"自"，所以这不同于你告诉孩子要收拾书包、打扫房间或做作业。自语是自我调控（放慢节奏，停下来思考）的核心部分。语言是我们处理情绪问题时最好的应对机制。

"文明的器官"

到目前为止，我们一直在讨论存在于个体内部、帮助个体调节行为以取得自我设定的目标的执行功能，其实执行功能在人类发展方面也起着重要作用。执行功能指挥着族群、部落或社会朝向一个集体目标努力，取得诸如建造马丘比丘古城或登月这般卓越成就。正因如此，神经心理学之父亚历山大·鲁利亚（Alexander Luria）博士将执行功能称为"文明的器官"；研究注意缺陷多动障碍的权威学者拉塞尔·巴克利（Russell Barkley）博士说，是执行功能让我们成为"社会动物"。从进化的角度来看，前额皮层赋予我们相较于其他物种以压倒性优势，让我们可以提前计划，更灵活地应对环境变化，在头脑中模拟可能的结果。没有前额皮层，人类可能仍在藤蔓间飞跃、在沼泽地游荡，而不是在高级餐厅享受人生。

文化层面上的执行功能也很大程度上影响着放弃努力者的内在动机。放弃努力的孩子不仅有执行功能缺陷或者前额皮层发育迟缓，他通常还难以接受社会制定的集体目标。这就直接把我们带入了霍华德·加德纳（Howard Gardner）博士的研究。

目标、技能和意志。你也许听说过加德纳博士提出的对教育界有重大影响的多元智能理论。（如果没有，可以在附录 H 中查看推荐书目。）加德纳认为智能有 8 种——也就是说聪明的方式不止一种——所以每个人都可以对我们的社会有所贡献。

根据加德纳的观点，执行功能源于自省智能，也就是对自我的认识有多少。其中包含自我意识、自我反思以及预测自己应对新情境时如何反应的能力。他将执行功能分解为三个部分：1. 目标。目标是指一个人想要成为什么样的人以及想要自己的人生去往何处。2. 技能。技能是实现这些目标所需要的能力和技巧。3. 意志。意志是连接目标和技能的努力和内在动机。这三个部分在人生的不同阶段发挥着不同作用。童年和青春期被加德纳称为学徒阶段。在此阶段，孩子被传授步入社会后需要用到的知识和技能。他这样写道："在孩子掌握社会和文化要求他们作为全资格成员所需的知识和技能时，技能发展占据了主导地位。"

这种社会化的训练使孩子认清自己在文化中的位置，明白哪些情绪可以公开表达，哪些属于个人隐私，哪些行为是恰当的以及如何理解他人的行为。从大的方面来说，文化是一个调控系统，它规训着年轻人，使其将来成为文化的自主践行者。

以游牧民族和普通美国人对孩子的期望为例。游牧民族的孩子必须掌握动物饲养的复杂细节，社会期待他有一天作为本民族的成员发挥作用。而普通美国孩子必须掌握美国社会认为的必备技能，包括阅读、写作和计算等，以便有一天他能够离开家去一个能够给他提供最佳谋生机会的地方生活。

学徒阶段的意志在很大程度上受外界力量的左右，如父母要求孩子"去刷牙""尽快给奶奶写一个感谢便签"以及老师要求"今晚做数学练习题""星期五前交作业"。可喜的是，随着孩子不断成长，他们逐渐接受被灌输的价值观念，并将社会期待内化为自身的目标。这时，意志就成为他的固有品质，由个体内心自发生成。

然而，这种转化并非常有。我接触过许多缺乏动力的青少年拒绝社会给他们设定的目标。他们不愿意学习代数，不愿去掌握五段式论文的写法，不愿将自己的目标定为考进一所好大学。回想一下我在之前提到的典型的放弃努力者对学校的感受："老师愚蠢，课程无用，数学只是把数字挪来挪去，英文把单词挪来挪去，学几何有什么用呢？阅读莎士比亚也完全是在浪费时间。"

希望这样的孩子最终有机会晋级为大师，也就是到达加德纳理论中的目标实现阶段。要成为大师，个体必须内化所属文化的价值观念，获得必要的技能和知识，制定对个人有意义的目标。这样的人是社会的思想者和革新者，不局限于实现社会文化为其设定的目标，而是去追逐之前从未有人实现过的崭新目标。从学徒到大师的转变通常发生在25岁到30岁之间，但并不是每个人都能到达这个阶段。

聚焦放弃努力者

加德纳的理论为我们了解放弃努力者提供了全新的角度。其实我们希望年轻人实现的目标并非他们自己的目标，只是我们认为实现这些目标会帮助他们回答"我是谁？""我将成为谁？"等问题。问题是你的儿子对这些目标并不买账，至少表面上不认同。由于他的执行功能尚未发展成熟，他还无法认识到他正在为自己挖坑。显然，他需要帮助。然而，由于青少年坚定地追求独立，此时他最厌恶的就是家长的援助之手。自我调控是真正独立的垫脚石。尽管所有青少年都需要帮助和支持，放弃努力的孩子尤其需要，但他同时又是最抵制外界援助的人。

早教专家海姆·吉诺特（Haim Ginott）曾将青少年贴切地描述为"需要贷款的支持，同时又希望财务自由的人"。为了帮助你的儿子，你需要尊重他的自主权，你要隐藏在他身后为他搭建脚手架，默默地提供支撑却不让他知晓。

搭建脚手架

你一定已经发现孩子不擅长控制自己和提前思考了。他需要成人提醒洗脸的时候洗耳后、电视看一会儿就要关掉或课堂发言前举手。高中生可能认为自己已经长大，但实际上他也需要成人给他定规矩，给予提醒。在孩子的执行功能充分发展之前，成人必须扮演他体外前额皮层的角色。搭建脚手架是父母在孩子年幼时基于本能而做的事情：在孩子需要的时候提供帮助，直至他能够独立完成。比如牵着孩子的手过马路，切碎食物方便孩子吞咽，教孩子学词认字。一直以来，你都是在本能地指导和鼓励你的儿子去做那些超出他能力范围的事情。实际上，搭建脚手架就是在孩子习得一项技能但能力尚有不足时，老师或家长给他提供必要的帮助。

搭建脚手架也与人类发展的渐进式过程相契合。能力和技能并非一朝一夕间便可获得，而是逐渐积累而成。它们在形成之前会经过一个准备阶段，称作最近发展区（Zone of Proximal Development），缩写为ZPD。最近发展区像是飞机在起飞前进行加速的跑道。在这个阶段，随着大脑通路的发展，能力开始形成但仍不稳定，就如同一个蹒跚学步的婴孩走路时摇摇晃晃或者一个刚识字的孩子把书念得磕磕巴巴。ZPD是介于儿童或青少年可以独立做事和需要一些辅助之间的区域。

搭建脚手架完全不同于过度养育，前者为孩子的执行功能提供支持，后者则是控制孩子。为了确保你处在最近发展区的正确一边，请遵循第一章中列出的规则：少即是多。少代孩子解决问题，多让他独立想办法，这样便可以支持他的执行功能。如果你能少说多听，孩子会通过自我意识的建立认清自己的感受（情绪控制）；如果你能少谈自己的价值观念，多讨论他的想法，他会开始建立自己的目标；如果你少些控制，多些支持，孩子会更好地学会时间管理和自我调控。

支持执行功能的工具

你有什么计划？

在搭建脚手架的基础上，让我们看一看其他可以帮助孩子更好地做计划、进行自我监督和制定有效方案的办法。你不要把自己当作教官、老师或者教练，而是要像一个引导者那样指导他更好地解决问题。别频繁提醒或要求孩子，相反要不断询问他的计划。"你有什么计划？""妈妈，我这周末要想与吉米和德文去露营。""有意思，数学课你有什么计划？""妈妈，我的数学测试得了 B－，但是班级平均分是 B－，所以我考的还不算特别差。""嗯，那你打算怎样提升自己的分数呢？"没有什么神奇的办法能让孩子做你想让他做的事情，大多数时间，他的答案会是"我不知道"。然而这种方式可以促使他认识到人生中许多的事情都需要计划。同时也能强化你对他的信心：孩子能够制定和实施计划。这样一来，原本在他眼中的唠叨便成了有教育意义的话语。

记住，孩子并不会认同社会为他制定的所有目标。只有当这个目标成为他自己的目标（这周我想看电影），而不是你的目标（你需要提升你的成绩）时，他才会变得更愿意合作。不过，当他告诉你对下周如何通过化学考试毫无头绪时，你可以回答他："你可能会更喜欢自己想出来的办法，而不是我给你想的，所以你需要多考虑考虑。"同时，你还需要时常对他的计划提出一些参考意见（"吉米昨天才拿到驾照，你确定要和他一起开车去山里吗？"）。这个时候，你就需要摘下引导者的帽子，重新扮演家长的角色。

如何制定计划？

家长可以通过以下措施搭建脚手架。

- ◆ 搞清楚孩子的能力范围——分清哪些事情他可以独立完成，哪些事情需要你的协助。这有助于调整你对他的期待。

- ◆ 给孩子指出他在制定计划时需要发挥什么作用，吸引他的兴

趣。（包括让他为计划担责）

◆ 任务需设定得简单以免让孩子太受挫，在他情绪失控的时候推迟沟通。

◆ 放手让他做事，你可以在一旁提出问题引导或者提建议协助。

◆ 协助需适可而止，以能够推动他进行下去就足够。

以下是制定一个合理的计划所需要的步骤。

◆ 确定要达成的目标或要解决的问题。

◆ 确定目标达成或问题解决所需信息以及在哪里找到这些信息。

◆ 确定问题解决或目标实现过程是否需要他人协助。

◆ 估算所需时间（时间管理）。

◆ 制定实现目标或解决问题的步骤。［这一步非常关键，因为它能让孩子学会制作清单。不一定让他亲自动笔，可以他口述，然后你帮他写下来。整个过程不必太正式，尽量简单易行。（组织力和时间管理）］

◆ 确定实现目标或解决问题的有效策略。

◆ 中期检查：执行过程中检查事情是否与计划一致（自我监督）。

◆ 评估结果（自我监督）。

下表针对两个需要进行计划的情境——如何提高化学成绩以及如何准备与朋友去露营——列出了制定计划的步骤和要提出的问题。

制定计划

步骤	问题	化学测试	与朋友去露营
明确问题 / 目标	你想实现什么目标？	下次测试把成绩提升到B	与朋友去露营
明确信息	实现这个目标或解决这个问题，需要哪些信息？	下次测试是什么时间？测试哪些内容？你的笔记完整吗？学习资料能理解吗？	都有谁去？去什么地方？怎么去？谁会陪同前往？
获取帮助	实现这个目标或者解决这个问题，是否需要什么帮助？	你需要请教辅导员或老师或者求助父母吗？你可以复印谁的笔记？	谁有露营经验，会搭帐篷、做饭以及知道怎么防止野兽袭击？谁知道附近最佳露营地点？
预估时间	看看日历，做到对时间心中有数。	你认为每天需要投入多少小时学习？	你们什么时候准备好行李出发？露营地点有多远？
列出步骤	现在我们按照顺序列出你需要完成的步骤。	1. 检查笔记是否完整。2. 翻阅相关章节内容，看自己是否理解其中的概念。3. 抽时间找老师答疑解惑。4. 一天计划学习30分钟。	1. 看谁一起去，谁能陪同前往。2. 给每个人分配任务。3. 列出每餐菜单和所需的食材。4. 列出所需物品以及购买渠道。5. 查找露营地信息：包括方位、距离等。

（续表）

明确应对策略	你要用到哪些学习方法？你如何运用所有这些信息？	你需要用闪卡来辅助记忆吗？要借阅别人的笔记吗？是否有考试模拟试卷？需要我们给你进行小测验吗？	你也许应该在笔记本上或者用电子列表记录所有信息。 这么分配任务怎么样？比如让每个人都负责计划和实施一件事情。
中期检查	你怎么确定一切在按原计划进行，能够按时完成每一步，而不把事情推延到最后一分钟？	也许你应该在星期日再退回去复习一遍，看看哪里还需要补习。	在出发前一周，你也许应该与每个人沟通一下进展，看看是否遇到了什么困难。
评估结果	事情最终如何？有何收获？下次你会怎么做？	你取得了什么成绩？实现你的目标了吗？如果实现了，成功得益于什么？如果没有，失败的原因何在？	旅途怎么样？带齐东西了吗？对于其他准备露营的人，你有什么建议吗？

策略性思考。策略是一系列执行功能运行的产物，它就像是缩小版的计划或过程，可以帮助我们更高效地处理任务。比如说，挂起钥匙就是很多人每天使用的生活小策略，可以防止钥匙丢失，只是人们不将之称为策略。教师在工作中经常用到教学策略。你可能听说过语言警察策略（COPS，包括大小写、段落布局、标点、拼写），运用该策略的孩子将其写在作文上方，在修改润色文章时时刻提醒自己。

教孩子一个策略，他可以高效做事一天；教孩子学会自己创造策略，他可以高效做事一辈子。注意缺陷多动障碍患者生活混乱，因为他们意识不到自己把事情搞得一团糟，比如账户透支或丢三落四。认识到自己有乱放东西或做事频繁偏离计划的毛病非常重要，我经常对我的咨询者们提到这一点。一旦认识到这些不足，我们就会开始讨论收拾乱局的策略。就如同下面这样。

◆ 经常丢手机或钱包：每次进出房间都全部检查一遍。

◆ 找不到支票簿，因为上次使用完毕后，顺手放在了其他地方：存放东西的时候，不要只顾眼前方便，而要考虑到是否便于下次使用。

帮助孩子制定属于他自己的策略是帮助他完善执行功能的一种有效方法，这需要提前思考和自我监控，可以有效补偿工作记忆的缺失（比如忘记支票簿在哪里）以及条理性的缺乏。策略可以是一条规矩（挂钥匙的规则）或一个过程（使用首字母缩略词）。当你的儿子把东西或者事情搞成一团糟时，告诉他进行策略性思考，看他会想出什么样的策略。如果他想不出任何有建设性的方法，你可以给他一些提示，让他想一想什么方法最有效。"你想到什么策略？"要比不停地唠叨更有效，同时也更容易被孩子接受。

我曾在第一章中介绍过卡梅隆的例子，他是典型的魅力型放弃努力者。为了帮他提高学习成绩，我采取的方法之一是与他打赌，看他能否连续一个月每晚完成家庭作业。卡梅隆欣然接受了这个挑战，为了赢，他需要用到一些策略。他拒绝了我的建议（比如放学回家后立即去厨房做作业），决定探索适合自己的方式。在他的学校，亚洲人在尖子生中占比最高，所以他在网络上搜索亚洲人的学习习惯，他排除了"穿暖和一点"，留下了"听古典乐"。卡梅隆反其道而行之，他讨厌古典乐，因此播古典乐反而可以督促他完成作业。这是独属于卡梅隆的策略，但对他确实奏效。

祷语。祷语是一个人在冥想状态下对自己重复说的话。你可能会疑惑，这与执行功能有什么关系？祷语非常类似于自言自语，玛丽·索兰托博士发现重复说特定的话语有助于提升自语的能力。祷语也可用来提醒孩子，使他做事更有条理，最终完成任务。

下面是几条我最喜欢的祷语，你也不妨试试。

斯坦，你有什么计划？

要有策略性地思考。

下面的祷语是出自索兰托的研究。

未计划之事，便是乌有之事。

如果难以开始，那是因为第一步过大。

凡事要分轻重缓急。

万事开头难。

物尽其用，各得其所。

眼不见心不烦。

今日不尽事，明日更难行。

索兰托博士还设计了一些更适合青少年的祷语。

直接闭嘴把事情做完，它们就不会再烦你。

当下不做，必定完蛋。

当然你还可以创造属于自己的祷语，只要有用就行。不停地重复它或者将它做成提示牌贴在书桌前或冰箱上。

策略和技巧。下面的几条技巧应属于"你的孩子可能不愿做的事"，名字比较冗长，却切中要害。这些技巧与本书罗列的其他方法合用时威力无穷，能让孩子更勇敢。

- **25分钟法**。将工作以25分钟为单位进行分割——工作20分钟，休息5分钟。这也被称作番茄时间管理法（Pomodoro）。该方法以美国家庭在前电子时代普遍使用的番茄状厨房钟命名。在每次5分钟的休息时间里只能做一件事，比如去厕所或者吃零食。经过三四个番茄时段，就可以得到15分钟的休息时间。电脑和手机可以下载番茄时间管理的应用，你也可以上网学习更多关于这种时间管理法的知识。

- **圆圈时间管理法**。在20分钟的工作时间里使用圆圈时间管理法来记录分神的次数。画一个圆圈，在工作期间，每当走神或想走神时就做一个标记，停下片刻思考为何走神，然后继续工作。在一个番茄时段结束时，数一下标记的数目。

- **提前计划**。很多教练或辅导员都建议使用作业计划表，其中一项是让学生预估每次作业将花费多长时间完成，并记录实际所用时间。这个方法可帮助青少年制定学习计划并提高他们的预

估能力。下面是我的版本，本书最后的附录 A 也提供了空白
表格。

作业完成预估表

作业	时间预估		困难预估	
	预计完成这项作业所需时间	实际花费时间	预估这项作业的难度，从 1（简单）到 5（困难）进行评分	实际难度，仍用 1~5 的评分尺度
时间 / 评分	20分钟	35分钟	4	2

◆ **倒推计划法**。对于时间跨度大的长期作业，可以用列表或网格
  表记录完成作业的每个步骤，先在最后一步的旁边写下截止时
  间（提交日期）。然后逐步倒推，直至今天。斯科拉过程法的
  发明人玛丽迪·斯科拉建议使用网格表，这样更一目了然。最
  后将这些步骤记在日历上，从任务截止日期开始向前推，有些
  步骤可能需要花费数日。以下是一个历史作业的例子。

倒推计划表（列表）

1.选择主题	今日日期：
2.拟定假设	截止日期：
3.搜集资料（书、文章和网站）	截止日期：

（续表）

4. 调研	截止日期：
5. 列大纲	截止日期：
6. 写第一段内容	截止日期：
7. 创作__段内容（段落数目取决于论文长度）	截止日期：
8. 完成结论部分	截止日期：
9. 校对	截止日期：
10. 修改	截止日期：
11. 提交	截止日期：

倒推计划表（网格表）

选择主题 日期：	拟定假设 日期：	搜集资料 日期：	调研 日期：
列大纲 日期：	写第一段内容 日期：	创作正文内容 日期：	创作正文内容 日期：
完成结论部分 日期：	校对 日期：	修改 日期：	提交 日期：

◆ **制作大纲。** 青少年们决不会做的事情包括捡袜子、注明笔记日期、标论文页数和写大纲。除了捡袜子外，其余都是基本的

写作要求，可以通过使用一些图表制作软件轻松完成。本书的写作就用到了一款名为 Inspiration® 的概念图软件。用户使用 Inspiration 可以创建一个可视的网页，将其转变为直线型大纲，然后再转化成一个 word 文档。

拖延

拖延是逃避的终极形态，并且屡试不爽。拖延由焦虑引起。但是，孩子因为什么而焦虑呢？研究拖延行为的专家尼尔·费雷（Neil Fiore）博士认为拖延不是目的，而是解决许多背后隐藏问题的一种尝试。这些问题包括：

- ◆ 惧怕失败
- ◆ 追求完美
- ◆ 感觉无聊
- ◆ 不知所措

最近，包括蒂莫西·皮切尔（Timothy Pychyl）博士和皮尔斯·施蒂尔（Piers Steel）博士在内的许多加拿大学者认为，拖延的人有两个明显特征：易冲动以及对未来的自我没有明确设想。尽管很多人因焦虑而拖延，英国心理学家弗奇亚·罗伊斯（Fuschia Sirois）博士却对拖延有另一种解读。他认为，按时做事的人对他们的未来有着具体和个人化的设想，这种设想能让他们保持在正轨上运行，但拖延的人则对自己的未来缺乏这种设想。

上文介绍的很多策略，尤其是倒推计划法，可以帮助你的孩子在困难的任务面前保有勇气。将工作化整为零可以帮助他减少对失败的恐惧，因为简单的小任务更好把握，不会一下子就被吓退。这也是为什么列出工作大纲如此重要。

不过，拖延还与权力有关。拖延是弱者对抗强者的武器。在美国，许多年来工会就用这种方法（窝工①）来代替罢工。从表面上看，孩子觉得家庭作业不重要、无意义，但他其实是通过保持自己的学习节奏来对抗权威。对此，费雷博士的话一语中的："作为弱小的受害者，你深知不能明着反抗，因为那样做可能会招致一些可怕的后果，引发愤怒的情绪、遭受惩罚……但是通过拖延你可以暂时地、隐秘地推翻权威的统治，你通过拖拖拉拉、漫不经心的行动进行反抗。"在本书的后半部分，我们会讨论这种心理机制。不过眼下我要介绍两种应对拖延的策略。

1. 要么做，要么不做：选好任务，设置番茄钟，然后开始。即便孩子的思路卡住或任务停滞不前，也不要做其他的事。哪怕孩子的圆圈完全被分心的标记填满，也不要停下来。当计时器响起时，立即让他休息5分钟，必要时重复这个过程。最终，孩子将会回归正常的学习状态。（你可以把这个方法作为建议提供给孩子，但不能强行要求他这么做。）

---

①窝工，因计划或调配不好，工作人员没有工作可做或不能发挥作用。

2. 让孩子填写下页的拖延日志。这个日志不仅可以帮助他记录做
   作业的过程，还可以让他认识到自己的焦虑以及为拖延所找的
   借口。

拖延日志

作业	想法	采取的行动	拖延的理由	结果
写英语作文	我肯定写不好	以"休息"之名上会儿网	星期四才交呢	拖到星期三，熬夜到凌晨2点才完成
数学练习题	我能做好	完成作业	无	得了100分

第 五 章

男儿有泪不轻弹

He's Not Lazy:
Empowering Your Son
to Believe in Himself

有一天我忽然意识到，如果没有女性朋友，我将永远无法理解情绪的价值，更不会谈论自己的情绪。男人是情绪盲，聊天内容只有工作、段子、运动或女人。

——乔什，23岁

我和朋友们形成了一个小圈子，我们在学校一间偏僻的卫生间碰面以免被旁人打扰。这个圈子拒绝新人加入，所以它给我一种安全感。我们从来不讨论现实的东西，除非只有我和我最好的朋友在场。聚在一起时，我们通常取笑别人或者彼此开玩笑，我们讨论女生，但是从来不聊个人感情，比如说真心喜欢谁。

——迈克，16岁

什么样的男生最有地位？答案有很多种，富有的男生、有幽默感会救场的男生、运动能力出色的男生或体育知识丰富的男生。但关于女孩子，我们只看她漂亮不漂亮。

——杰克，15岁

我向男孩群体提供心理咨询服务已经超过25年了。再往前推，我自己也是一个男孩。所以，我对男孩还是有发言权的。男人们聚集在一起，会如脱缰的野马，热情而充满活力。男孩们扎堆在一起，也会更喧闹和淘气。通常，唯一能制服他们的办法就是耗尽他们的精力。尽管男孩天性争强好胜，但他们的关系简单，脾气来得快也去得快。受辱时，他们或反唇相讥，或报之以武力，但冲突过后转身便可不计前嫌。而另一边，女孩的争吵则要通过一张不断变化的、间接的联盟网络历时数日才能解决。我发现女孩们会花大量的时间修复受伤的感情，而男孩子则喜欢诉诸暴力，不落个鼻青脸肿决不罢休。

即便是最单纯的男孩，长成男人仍是不小的挑战。大卫·冯·德莱尔（David Von Drehle）在《时代周刊》（Time）的封面故事《关于男孩的迷思》（The Myth About Boys）中说"男孩的教养问题已经困扰人类数千年"，他引用苏格拉底的提问："如何才能寻觅到一种兼具伟大精神的温柔天性呢？"

要理解男孩放弃努力的现象，你必须先明白成为男人是多么困难。女孩的女性特质很少被质疑，但青春期的男孩则必须不断向外界证明他们的阳刚气质。男孩的男性特质会频繁接受检验，学校里的考试他们可以不在乎，但这些检验他们会十分在意。

绝不能有女性气质

男孩喜欢竞争，尤其酷爱证明谁最强。那些精力旺盛的十来岁男孩一天到晚彼此较量：谁跑得最快，谁最有趣，谁放屁最响，谁能打着嗝儿背字母表。他们不停取笑对方，以占据上风为荣。这种较量的核心是不展露任何痛苦，隐藏一切受伤的感情，迅速恢复状态，然后让过往翻篇。对男孩来说，有一个羞辱性的词语让所有人都害怕——同性恋。

虽然当今社会对同性恋已经表现出史无前例的宽容，但同性恋一词在初高中校园内仍频繁被用来攻击某些男生，取笑他们表现出软弱，是最具杀伤力的攻击语言。当然女孩的青春期也不好过，可能会被批评"装腔作势""娇情"或"公主病"，但好在女孩的女性特质永远不会被质疑。丹·金德伦（Dan Kindlon）和迈克尔·汤普森在畅销书《培养高情商男孩》（*Raising Cain: Protecting the Emotional Life of Boys*）中写道："他们面临的压力不仅是要表现出男子气概，而且还必须与女性特质撇清关系，所以他们蓄意攻击别人以及自己身上那些被定义为女性特质的品质，包括温柔、共情、同情心以及偶尔流露的内心脆弱。男孩的信条是：绝不能有女性气质。"

男孩当然想吸引女孩的注意，但他通过别的男孩来确认自身的男性气质。所以，你的儿子对男性气质的理解，是由一群对男人的含义同样一知半解的同龄人定义的。青春期男孩对自我以及如何与他人相处都缺乏清晰的认识，所以他们仰慕那些看起来已经通晓此事的同龄人，比如说运动方面最出色或最酷的男孩。由于表现出软弱会导致严重的后果，所以男孩对照职业运动员、说唱歌手、超级英雄、动作电影明星甚至电子游戏里的武士创造出一个刻板而夸张的理想男人形象——无坚不摧、不可战胜的大丈夫。做这样的大丈夫就仿佛走钢丝，哪怕一小步都不可走错。我的一位二十几岁的咨询者说他在少年时代想成为日本动漫中的英雄："迷倒万千少女，坚韧不拔，有着神秘的过去。我就是想成为这样的英雄。"另外一位15岁的咨询者这样描述他的痛苦："男子气概是给不知道自己是什么样的人提供的一张安全网，如果你真的不知道自己是谁，可以尝试学着做别人，这总比迷失强。"

青春期男孩有一套男生信条，其第一要义便是绝不能有女性气质。男孩们害怕被叫同性恋并不是因为同性恋本身。对他们而言，可怕的是被同性视为像女人一样的男人。男孩身份里隐含的格言是"绝不能娘里娘气，不能做书呆子。"

男儿有泪不轻弹

男孩很早就开始接受生存法则训练。大约从4岁开始，他们就被告诫"男儿有泪不轻弹"，这还只是开始。除了被攻击为"娘炮"和"软弱"之外，男孩们还经常被他们的朋友、教练甚至是父亲教导千万不可做"娘们儿"或"小女生"。另外还有"做个男子汉""有点男人样""像个男人"这样的告诫，倡导带伤也要坚持参赛的赛场理念等。这也难怪无论在何种级别的赛事，运动员有脑震荡已经到了普遍存在的程度。

男子气概可以用数字衡量，比如长得多高，跑得多快。随着年龄增长，衡量标准演变为征服多少女孩以及拥有多少财富。男孩和男人永远都在拿自己与别人比较。所以他们会无休止地取笑他人奇怪的行为或身体特征，虽然大多都只是出于娱乐。男孩的世界里绰号满天飞。一个长粉刺的男孩被他的朋友们戏称为"比萨脸"；一名面色白皙的少年被他的社团兄弟称为"卡斯伯"（善良的小精灵）；一名足球运动员被他的老师和教练叫作"雷霆"（雷霆大腿的简称，意思是大腿非常粗）。这种不断的衡量和对比有其十分不好的一面，这使得为了融入周围的圈子，男孩们必须扮演好一个设定的角色，为此他们必须牺牲自己的真实个性。

硬汉

当学者们谈论男子气概时，他们借用的是戏剧表演的角度。詹姆斯·马哈利克（James Mahalik）的研究表明，男人追求的人设是"强壮而沉默""硬汉""花花公子"以及"真正的对手"。男孩只能选择扮演硬汉，永不抱怨，不流露痛苦，永远保持镇定和自信。硬汉们坚强能干，重行动轻空谈。杰弗里·马克思（Jeffery Marx）在描述他父亲的硬汉形象时这样写道："高和低是留给天气预报员播报气温的，我父亲的情绪温度计永远指在中间位置。我知道他有着强大的信念，因为他的行动已经表明一切。他孜孜不倦地为家人付出，始终做对的事，与人为善。至于从他嘴里说出自己的内心感受？绝不可能。他完全没有这个概念。"

由于依赖他人和需要他人都是被禁止的，所以男人们在走向亲密关系时往往会遇到一个"禁止入内"的标志。对于青春期的男孩来说，他与母亲的关系尤其危险，因为母亲是截至目前他依赖最深的人。

妈宝男

在诋毁男人性别气质的词汇中，如果说"同性恋"火力第一，那么"妈宝男"便紧随其后。与"妈宝男"相对应的是"乖乖女"，但后者很难说是贬义词。这是因为男孩需要成为一个男人，为此他必须在心理上与母亲分割开，但女孩则无须如此。在婴儿期和幼儿期，男孩和女孩都想像妈妈那样。在某个年龄之前，小男孩也可以玩玩偶或者玩具厨房。但到了 4 岁左右，男孩开始被教育不能轻易掉眼泪，还被鼓励从妈妈身边独立出来。社会学家南希·霍多罗（Nancy Chodorow）认为，由于男孩第一个依恋对象是他的母亲，所以要成长为一个男人，他必须切断这种联系，这也是男孩厌恶女性气质的源头。男子气概从一开始就是从否定角度出发的——不能像妈妈那样。

社会鼓励男孩疏离母亲，却允许女孩永远依恋自己的妈妈。英文古谚语说："儿子娶妻后不再是儿子，女儿一辈子都是女儿。"女孩不必在独立和依赖之间取舍，她们可以一直依赖父母（虽然在青春期这种依赖也令她们分外痛苦），同时又可以视自己为独立的个体。而男孩会为自己仍然隐秘地渴望父母的认可以及依赖父母而感到羞耻，因为这会让他感觉自己内心软弱，他无法接受这样的自己。所以他将情感距离拉远，退回到自己的房间，在必要时通过激烈对抗来申明自己的独立。这种对男子气概的追求，使青春期的男孩以更复杂的姿态徘徊在童年和成年之间。依赖父母就会导致两个恶果——幼稚和女孩子气。

头号男人

男人对亲密关系的抗拒也影响着男人间的友谊。男孩的社交世界是分阶级的，他们不遗余力地谋求更高的权力地位，为此他们必须永远表现得无所不知。相反，女孩的社交世界由变幻无常的敌友关系构成，她们的地位来自她们认识什么样的人。对男孩来说，地位的来源不是人而是事，也就是你能做的事情。谁能把球打到球场外或者谁最先通关新版《使命召唤》（*Call of Duty*），谁就能赢得同龄人的尊重。一群男人讨论昨晚的篮球比赛，表面上他们在讨论赛事，实际却是在比拼谁知道得更多。初中和高中男生主要吹嘘运动成绩或周末艳遇，从来不炫耀自己在学业上的优秀或在春季音乐会上独奏小提琴的荣光。我们在下一章中会就这些内容展开讨论，在男孩眼中，与男子气概紧密相关的是运动才能而不是进入学习光荣榜。

研究表明，男孩不喜欢像女孩那样谈论自己。他们喜欢围绕某个具体的活动聚在一起。拿我自己来说，我可以和我的骑行伙伴畅聊数小时，但到了冬天不再骑自行车时，我们就几乎不再碰面。研究性别差异的语言学家黛博拉·坦能（Debrah Tannen）在男女之间的差异方面有一些有趣的发现。比如，在研究儿童和青少年讨论严肃话题时的表现时，她发现六年级女生已经能够非常轻松地讨论自己的内心情感和友谊。而同龄男生根本无法安静地坐着，谈论的话题也不停地从一个跳到另一个。男孩们滔滔不绝，但谈及情感和友谊的内容则很少。到了十年级，女孩更加适应亲密关系。你可以看到她们拉近彼此的座位，说话的时候也会进行眼神接触。男孩们则仿佛坐在教堂的靠背长椅上，彼此平行而坐，眼睛直视前方。令人惊讶的是，尽管彼此不挨着，只是肩并肩坐着，他们也可以畅所欲言。

通常，男孩进入青春期之前是可以建立亲密关系的。但不幸的是，随着年龄的增长，男性越来越不信任自己的同龄人。他们封闭内心，隔绝自己。也许在遥远的过去，交配本能促使男性把彼此视为竞争对手。不过，我怀疑男人疏离同性的倾向与我从青少年咨询者口中听到过无数次的一个补充解释有关，他们在描述亲密的男性友人时往往会补充一句："我们可不是同性恋关系。"你能想象，女人在谈及她的闺蜜时会特地补充一句"她可不是我的同性恋人"吗？这听起来会很可笑。

男人绝迹之地——情感抒发

由于不能稳妥地理解或表达情感，男孩只有两个选择。一个选择是退缩，这可能是你儿子在处理自我怀疑、无能感、脆弱和恐惧这些情绪时选择的方式。另一个则更为糟糕，就是通过打架、叛逆等行为来释放内心感受。愤怒是男孩和男人可以安全表达的情绪，对他们来说，发怒比悲伤更容易。

男人使用三种心理防御机制来封闭自己：逃避、分割和否认。如果你有个不努力学习的儿子，那么你对逃避绝对不陌生。逃避就像是一根魔法棒，放弃努力的孩子对着一切令他焦虑的事情挥舞，仿佛"噗——"地一下烦恼就消失无踪了：不再有作业、不再有考试、不再有焦虑。焦虑本身不是一种情绪，而是即将发生危险的信号，无论这种危险是现实存在的还是臆想出来的。在上述情况下，危险就是他将面临失败。

拖延是顶着另外一个名号的逃避。如果你的儿子是匹诺曹，那么他的鼻子大概会绵延数里，因为逃避建立在许多小的自我欺骗之上，比如"我5分钟之后再动手"或者"这非常简单"。他还会对你撒谎，比如他信口承诺一会儿就去丢垃圾、洗碟子洗碗、打扫房间或做作业等。

分割是把困难情境所触发的情感进行隔离，以确保继续正常工作、学习或者做事。这种应对策略可以概括为"眼不见为净"，围绕某事产生的情绪感受被叠加在一起存放。一位身患癌症的病人说："我在脑海中造了几个箱子，把它们锁上，只在心理治疗的时候打开，但有时候即便治疗期间也是锁着的。"

但逃避的风险在于这些情绪不会完全消失，这就牵涉到拒绝承认。拒绝承认就需要修改过往历史——"我从没有说过这话""我不酗酒""我的成绩还好"，而这样的抵赖通常会造成严重的后果。

男孩身披超级英雄的战袍，但卸下盔甲和护肩，他们也有自己的爱恨情仇，内心也会受伤。他们处心积虑地表演强大和镇定是为了遮盖痛苦和脆弱。青春期的男孩同样也需要外界的力量，也渴望被爱和被接纳，只是他们不知道如何用语言表达这些情感，也无法理解这些情感。对于很多男人来说，性亲密是唯一可接受的亲密关系。

躲在面具后的男人

　　为了生存，男人戴上"大丈夫之勇"的面具。这个面具令男孩和男人将自己与那些不被社会认可的情感隔离，隐藏真正的自我。这副面具也是男人防御人类最复杂的情感——羞耻——的唯一武器。

　　谈到羞耻，我认同布琳·布朗（Brene Brown）的理解。你可以看一看她的 TED 演讲，"聆听羞耻"和"脆弱的力量"。布朗指出了羞耻和内疚的区别。内疚意味着你做了错事，羞耻则意味着你的存在是错的——你觉得你的想法或行为使别人拒绝或排斥你，你觉得自己不配与人相处。

　　布朗的研究表明，让男人和女人感到羞耻的东西不同。在男人眼里，对男子气概的直接打击是羞耻。对于男孩来说，尤其是青春期的男孩，他想要躲避很多令他感到羞耻的东西，比如被刁难或被无视、被殴打、被放弃、被吓倒，还有弱小、拘谨、失败或心理崩溃。

　　而另一面，女人的羞耻来自让他人失望。社会规训女人迎合所有人，满足每个人的需求，要看起来像是刚从时尚杂志的封面走下来一样。女人被培养成照料者的角色，所以母性是女人的战场，母性的失败带来羞耻。她们很大部分的自我价值建立在孩子的幸福上。父亲当然也同样关怀后代的幸福，但他们的自尊更多来自于事业上的成功。不过，无论是母亲还是父亲，想用育儿成功来取悦自己，最终只会将自己与放弃努力的儿子对立起来。

聚焦放弃努力者：3C（能力感、掌控感、联结感）

前文关于情感的讨论，为我们解读你与儿子之间的亲子对抗提供了新的角度。看清问题才能有效养育并解决问题。你认为孩子缺乏内在动机是自己的养育出了问题，认为你有责任帮他扫除这个障碍。而孩子正在经历与父母做切割和锻造自我的阵痛。这个过程使他内心充满矛盾，因为他要掩饰自己难以克服的依赖心理。当你喋喋不休地催促他写作业时，在他看来这是在提醒他仍然需要你，提醒他还不能独立完成学习上的事情，这让他觉得很没面子。

更复杂的是，孩子在学习上遭遇的困难很有可能并不是突然出现的。当他在儿童时期需要你的帮助时，你甘做后盾。那是艰苦卓绝甚至看不到尽头的付出。但我猜，待身心俱疲的一天结束，你会为自己作为家长的称职感到自豪，你会觉得自己已经竭尽所能帮助了孩子，并且认为孩子在你的全力扶持下定能学有所成。

回到眼前，孩子的学业失败却成了你的羞耻，你继续披肝沥胆拯救他，甚至更为用力，而他却为自己的无能感到羞耻，不再想要得到你的帮助，因为你的援助是对他的失败以及无法独自成功的变相提醒。

为了逃避这些感受，他或封闭自己，或通过与你作对或攻击你来重获权力。无论如何，他越拒绝你的好意，你越痛苦。如果你没有意识到这一点，你们都会陷入羞耻中而不自知。

我认识一名叫作科迪的年轻人。最近他向我诉说了在这样的羞耻中成长的感受。23岁的他回忆起自己的青少年时期，那时候他有阅读障碍，并且寄希望于能再经历一个猛涨期把身高再提高一大截。他想向全世界隐藏自己的无能。

"在青少年时期，我不希望任何人知道我有阅读障碍，我觉得羞耻。那些年我过得非常糟糕，给我妈妈也带来很多痛苦，我自己也很难过。她只是想帮我，天知道她多用力，但我不想要她的帮助。我只想像一个普通孩子那样。如果让我的朋友知道我读书还需要妈妈的帮助，那么所有人都会瞧不起我。那时候我觉得酷就是不费力去做什么事，轻而易举的成功才算厉害。现在我明白了，那些我曾仰慕的人，其实私下里也都非常刻苦。但那个时候我对他们说的话深信不疑，比如'我只用了一个小时就把论文写好了，而且还得了A。'我只能醉心于体育运动，尽量遮掩自己焦灼的内心。"

科迪就像所有放弃努力的孩子一样，为了保持男子气概不得不隐藏自己的无能感。这类孩子的问题可以归结为三个方面：能力感、掌控感和与他人的联结感。这三方面都与男子气概相关，也是男孩自驱力的基础。在本书的第二部分，我们会进行介绍，自驱力源于个体认为自己具有充足的能力、能够完全掌控事情以及与他人产生联结。

能力感。男孩为逃避无能感可谓不计代价，他认为刻苦学习是对男子气概的威胁。正如科迪所说，那些考取高分的男孩故意把学习说得轻巧。在足球赛场上挥汗如雨可以，但决不能绞尽脑汁写作业。如果你的儿子因为容易厌倦、阅读速度慢或条理性差而失去对学习的掌控感，他将会从思想上贬低学习的意义，从而造成内在动机和学习热情的缺失。他宁愿牺牲自己的成绩，也不愿意损害自我价值，放弃自己的自信和能力感。

掌控感。你的儿子觉得他的事情他自己说了算，所以他将你对他的鞭策理解为是对他指挥权的挑衅。他会用对抗的态度反击，并最终导致与你的权力争斗。如果孩子觉得对自己的学习能力、完成作业的能力以及考高分的能力失去掌控，他很可能会抗拒参与到这整个学习过程中。有学习障碍或注意缺陷多动障碍或者执行功能障碍的学生在学习方面都存在失控感。他掌控不了这些因素，却可以掌控自己对待学习的态度。

联结感。青少年就像是正在脱茧的毛毛虫。这个比喻可能听起来很可爱，当你知道你就是那个茧的时候，恐怕就不会这么觉得了。你要知道，孩子正在经历与父母做切割的痛苦，并且想挣脱与你的联系。与青少年保持情感上的联结原本就是复杂的事，更别说是和放弃努力的孩子了。本书主要帮助你寻找放手和约束之间的平衡。下面的一些建议可以帮助你踏上这条路。

1. **不要将孩子的不努力归罪于自己。**孩子的学习成绩不应该用来衡量你的成功与否。把自我价值建立在孩子的成绩之上，对于家长和孩子双方来说是双输的局面。我在这里指的不是你想用孩子的好成绩来取悦自己的心理，这种家长心理我们会在第十一章中详细讨论。我现在指的是你会因为孩子眼下没有取得学业上的成功而归罪于自己。我前面已经说过,你已经做了你能够做的一切,现在该做的是适当放手。当然在大多数方面,你的孩子仍然需要受到约束,需要坚实的支持。

2. **不要将孩子的不努力归罪于他个人。**指责孩子懒惰只会让他更感羞耻。责怪他不关心自己的未来或没有发挥自己的潜力也是如此。这些是对他人格的攻击。无论是否出自你本意,孩子都会认为你这样的指责是在暗示他不配得到你的爱。因此,进行认知范式转移非常必要。你要将注意力集中在他的具体行为上,比如他没有制定好学习计划或没有认真准备考试。与此同时,你也一定要留意下面的第五条建议——切忌不停唠叨。

3. **不要再跟孩子说他有多聪明。**这个信息非常危险。在第一章中我已经说过(因为重要所以此处重申),评价孩子的表现会让你的爱看起来是有条件的。另外,这还会激发他的羞耻感。

4. **不要针对孩子的成绩进行说教或对他过往的失败喋喋不休。**无论你多么失望,也不要用这种方式去羞辱他,这样做会进一步刺激他封闭自己。你要知道,让他承认问题所在和让他痛苦是两码事。

5. **切忌不停唠叨。**你可以去看电视,和朋友约会,甚至用胶带封住自己的嘴巴,但切忌不停唠叨孩子,因为这样会损害他的男性自尊,有弊无利。虽然黛博拉·坦能的研究表明,女人唠叨的出发点是为别人好。因为总体来说,女人的自我价值和地位是建立在人际关系上。女人的脑回路可能是这样的：如果我的丈夫让我做什么事情，我肯定会做。所以他肯定也一样愿意满足我的要求，我只需要提醒他即可。但男人却从来不希望自己被人指挥做这做那，这会让他感觉自己缺乏掌控感，缺少男子气概。

6. **试着引导孩子**。告诉孩子"你最终会知道该怎么样学习"，而不是质问"你根本就不关心学习，对不对？"其实这两句话传达的信息是一样的，但是当你把批评转换为对他解决问题的能力的信任之后，就不会再引发他的强烈不适了。你这样表达也是为他指明，在未来的某个时间点，他会拥有更强的学习掌控力和能力。

7. **小心措辞**。坦能还发现，由于女人寻求亲密关系，所以她们通过对话来建立关系、表达关心。她们会用语言表达支持，会进一步询问对方感受。但男人讨厌这些，通常来说，密集的语言只会让放弃努力的男孩想要逃避。无论是父亲关于如何解决问题的建议，还是母亲的关心，甚至是父母失望的控诉、命令、建议或提醒，在你儿子的眼中都是对他男子气概的挑衅。即便他的确需要听你的话，但太多的建议只会让他感觉你盛气凌人，继而令你们的关系陷入僵局。若是到了那一步，他会通过放弃努力来强调自己的权力。

8. **当他想倾诉时，你一定要仔细听**。后面我会介绍如何带着同理心去倾听，现在我先提供一些从研究性别差异的文献资料中随机撷取的建议。

◆ 威廉·波洛克（William Pollock）指出，男孩们根据自己的"情绪计划表"交流。你问他今天过得怎么样，可能只会得到"还好"的答复。但片刻之后，他可能会向你打开话匣。当然，有时候你刚躺下准备睡觉，他却来找你说话。青春期的男孩说什么你就听什么。"少即是多"的原则在此同样适用。将你们之间本应进行的漫长交流当作是由碎片构成的。

◆ 沉默对待。如果男人最终想敞开内心（也适用于女人），他们唯一要的就是被倾听。他们不想要建议，不想听你的童年经历，他们只想得到你的理解和关心。如果他们冒着被羞辱的风险敞开心扉，你千万不要真去羞辱他们。

9. **教给孩子求助的技巧**。男孩会求助也是一种能力，是成功的必备要素。给他讲讲你工作或者生活中曾经帮助过你的人，告诉他求助的关键是与希望求助的那个人成为朋友，因为人们更愿意去帮助朋友，为朋友提供真诚的反馈。

10. **如果孩子需要帮助，试着找人帮他**。你也许会发现，从本地的大学中找一个乐于上门监督你儿子做作业的学生，要比找一个专业的辅导教师或者执行功能教练更有效，孩子可能更愿意合作。因为在这样的大学生面前孩子的心理压力更小。我自己也在经营这样一个项目。青少年男孩放学回家后，在一名兄长般的年轻男老师的监督下做作业，后者的主要任务是与孩子交朋友，让孩子保持专注。

11.**帮助孩子成为某个领域的专家，即便这与学业无关。**也许你的确该限制他的游戏时间，但是不要小瞧他对游戏的热爱。也许只有电子游戏才能让他拥有强大的能力感。鼓励他根据自己的兴趣参加课外活动，这些活动也许并不能让他在同龄人中获得更高的男性地位，但可以提升他对自身能力的自信心。鼓励他找一份工作，割草坪和打包东西都是高中生获得独立感和成就感的好途径。

羞耻是毒药，它可以摧毁一个人的自我价值感和归属感。好消息是这种毒药自有解药，坏消息是绝大多数人都不会尝试这种解药，因为解毒过程就是将人置于左右为难的尴尬境地。消除羞耻的办法就是将羞耻说出来，打开储存羞耻的心理隔间，把那些引发羞耻的不堪行为或感受一一拿出来，与你信任的人分享。然而，这么做也意味着卸下防备，暴露脆弱，对于男人来说，这只会带来更多的羞耻。

排查认知误区：脆弱不代表软弱，而是另一种勇气

如果你相信这个观念并且付诸实践，你就会颠覆社会文化对男子气概的刻板定义。对任何人来说，承认自己犹疑、痛苦和恐惧都需要很大的勇

气，男人尤甚。卡尔·沙夫纳（Carl Safina）用一则自然界的故事为我们恰到好处地示范了我们在这个方面所需要的认知范式转移。沙夫纳是一名成绩斐然的环保人士，他曾赢得麦克阿瑟天才奖[①]和古根海姆奖[②]，并主持了美国公共电视网（PBS）的《拯救海洋》（*Saving the Ocean*）系列节目。他还写过好几本书。沙夫纳最近在《纽约时报》专栏中发表的《挖掘你内心的狼性》（*Tapping Your Inner Wolf*）引起了我的注意，此文颠覆了我们对头狼的认知。在文章中，沙夫纳讲述了一头名叫"21"的超级头狼的故事。"21"之所以获得"超级头狼"的绰号，是因为它参战无数却未有败绩，勇猛地保卫着自己的狼群。但在自己的狼群里，"21"却绝非一匹控制欲强的头狼。黄石国家公园的瑞克·麦金太尔（Rick McIntyre）花费数年时间跟踪"21"。根据麦金太尔的观察，它浑身散发出一种宁静的自信，身先士卒，能清醒地做出最利于集体的决策，平和却能服众。它还是一位慈爱的父亲，不仅喜欢与狼崽戏耍，还能放下姿态装输。

沙夫纳和麦金太尔认为真正的头狼不会张狂，因为不需要。相反，它情绪稳定，因为它已经证明了需要证明的东西。换句话说，它不再需要捍卫自己的雄性气质。而在人类的世界中，男子气概也不应只有一种形式。

在本章开头我已经分享了几个男孩心目中的男人形象。现在我们再听听另外一些声音，这些声音能启发我们从头狼精神的角度重新看待男子气概。

---

①麦克阿瑟天才奖，旨在表彰在社会发展中发挥重要作用的创造性人才。
②古根海姆奖，每年为世界各地的杰出学者、艺术工作者等提供奖金。

接纳自己的肉身，接纳自己的灵魂，这是我对男人的定义。不做一个害怕流露痛苦的男人。

——诺亚，24岁，前高中和大学冰球运动员

我对男子气概的定义是什么？这个定义在我这里是不断进化的：以前还未长大的时候，我肯定会回答说："男人得强大，身体壮，再难也不落泪，必须有领导能力。"但这些特质不只属于男性，它们对女性也适用。现在，我对强大的理解已经变了。我认为强大不是拥有大块肌肉，而是能够应对困难的情境并且敢于接受失败。

——查，35岁，前高中足球运动员，现任教师和教练

我是一条内心丰富的汉子。

——菲利浦，49岁，投资银行家和飞行员

社会必须停止通过"什么不是男子气概"来定义"什么是男子气概"。我们不是呼吁男人女性化，而是希望不要再像以前那样用夸张而僵化的理想男人形象来桎梏男孩。这种形象会使他们摈弃自身不符合这个狭隘定义的特质。我们不能像驱魔一样驱逐男孩内心的温柔。

这种重新建构的男子气概不再从占据主导地位和攻击性的角度来定义力量，而是从道德、勇气和自我控制的角度来定义。我们应该学习头狼的精神特质，将温柔、同情心和合作态度揉进我们对男子气概的定义中，同时保留勇敢和顽强好胜的特质。

我们应该为男人留足空间，让他们可以既独立又依赖，既强壮又柔软。

也许随着我们社会对同性婚姻、双性恋、甚至变性人越来越宽容，直男也不会再感到威胁，不必再觉得需要证明自己的男子气概。

根据金德伦和汤普森的观点，这样做的好处是巨大的："拥有情感认知能力和同理心的男孩不会轻易伤害他人，在自己经历黑暗时刻或身处重压之下更能保持内心的稳定。"因此，父亲应该向儿子示范如何敞开内心或对他人表达共情，而无须担心会把儿子变成"娘娘腔"。母亲则需要告诉儿子希望他成为哪类男人。家长必须给孩子足够的空间，让他成长为独立的男人，同时彼此之间仍能保持亲密关系。

值得思考的问题

父亲需要思考的问题：

◆ 你认为什么是男子气概？

◆ 你的父亲是怎么教育你的？你们的关系如何？

◆ 你是怎么处理自己的情绪和挫败感的？

◆ 你最近一次感到恐惧是什么时候？你有对任何人谈起过吗？

◆ 你是否跟儿子聊过你犯的错以及采取了何种解决办法？

◆ 你是否曾向儿子坦露心声，不是教育他，而是让他认识真实的你吗？换句话说，你在他面前摘掉过面具吗？

◆ 你和儿子有过情感层面的沟通吗？你与他交流过彼此内心的感

受吗？还是说你只是给他提建议或者教训他？

◆ 你是否仍然拥抱他，告诉他你非常爱他？

母亲需要思考的问题：

◆ 你是否有过鼓励儿子独立的实际行动？

◆ 你是否跟在他后面为他打扫、替他解围或者像伺候皇帝那样伺候他？

◆ 你是否曾用语言鼓励儿子独立，还是你经常会说"我可以为你做什么吗？"

◆ 你给他足够的空间，让他成长为男人了吗？

◆ 你是否会跟他谈及如何对待女性？

◆ 在生活中，你是否真能接受男人的脆弱甚至失败？比如你父亲、丈夫或儿子的失败。

父亲和母亲均需要思考的问题：

◆ 你是否告诉儿子让他为自己的行为负责，还是会用"他还是个孩子"的借口使他免于受到责罚？

◆ 你是否通过克制自己进行长篇说教来鼓励他敞开心扉？当他向你倾诉时，你是否能够尊重他的感受并尊重他的观点？

◆ 即便现在看起来还不太可能，你是否相信他有朝一日会明白事理，长成一个自信的男人，能够在这个世界中找准自己的位置？

第 六 章

淡漠的学习态度

He's Not Lazy:
Empowering Your Son
to Believe in Himself

查·雷迪（Chai Reddy）任教于檀香山的贵族私立学校普那荷中学。在1979年，查还是穿着尿不湿的婴儿，那年普那荷中学在州篮球赛上夺得冠军。当时的球队后卫正是如今大名鼎鼎的巴拉克·奥巴马（Barack Obama）。今天，查是该校国际中心的负责人，同时还是招生办主任兼足球教练。

从普那荷中学出发，沿着道路向前走是罗斯福高中。尽管这所公立学校服务于平民子弟，但它仍然向社会输送了不少优秀人才，包括职业棒球选手迈克尔·鲁姆（Michael Lum），一名国会议员，夏威夷的首席法官以及流行歌手布鲁诺·马尔斯（Bruno Mars）。卡爱·巴塞孔塞罗斯（Kaèo Vasconcellos）是土生土长的夏威夷人，他是罗斯福高中最优秀的教师之一。2012年他还赢得檀香山年度最佳教师的称号。卡爱是一名社会学教师，同时还担任学校的足球教练。

查和卡爱都对男孩和学校教育进行过深刻思考。比如卡爱就对罗斯福中学男生的辍学率非常关切，为此他自己重返校园专门研究，他的博士论文的标题便是《檀香山青少年男学生对男子气概的认知》（*Hawaiian Male Adolescent Students' Perceptions of Masculinity*）。我建议你去查看他的TED演讲"如何才算是男人？"

即便是学生出自权贵阶层的普那荷中学，查也观察到男学生的不易。他回忆起自己的教师生涯时说："无论你教什么，学习对于男孩来说都更难。他们的大脑额叶还没有发育完成。在学业上处境艰难的往往都是男生，而不是女生。作为学校的招生人员，查还注意到女生的入学申请常常要比男生更有竞争力——她们成绩更好，面试时更健谈，思维更灵活、有创新性。

卡爱知道他教的男生为什么会表现得对学习不上心。他说："如果有人因此称呼你娘娘腔，你还有什么动力去学习？女孩不会因为一个男生聪明、学习好而认为他有魅力。在她们眼里，肌肉才最有吸引力。"他也能够理解男孩为什么不喜欢阅读，对他们来说，很少有文学作品能够吸引他们的兴趣，激发他们的热情。

对于男孩来说，运动场才是彰显男子气概的地方，不是教室。学习是女孩和书呆子才做的事。事实上，那些学习好的男孩在这种压力下也要保持低调。只有超群的天赋和轻松得来的高分才算厉害。一个受欢迎的男孩如果功课得了A，他很可能会对朋友解释说"我都没怎么学"，而事实上他背地里可能颇下了番苦功。有些男孩知道默默发奋学习的艺术，但放弃努力的男孩绝不是这样，他甚至不屑一试。

查和卡爱的忧虑有其合理性，很多研究者都有同样的担心。克里斯蒂娜·霍夫·萨默斯（Christina Hoff Sommers）的《对抗男孩的战争》（ *The War Against Boys* ）、利奥纳德·萨克斯（Leonard Sax）的《浮萍男孩》（ *Boys Adrift* ）和佩格·泰尔（Peg Tyre）的《男生的麻烦》（ *The Trouble with Boys* ）都力证了"男孩危机"的存在。理查德·惠特曼尔（Richard Whitmire）在一篇文章中写道："从如今的大学课程设置来看，许多男孩都会被归为不是上大学的材料，这也是为什么如今在大学校园中女生人数大大多于男生。从上个世纪80年代早期开始，男孩的学习成绩及学习热情开始下降。截至目前，没有人能对这个趋势给出具有说服力的解释。"

美国教育部每年会统计学生的学业表现，并做两次报告。多年的报告显示，在学业表现上性别差异正在逐步拉大。从1971年第一次发布报告以来，除了少数特例外，女孩在数学和英语方面都超过了男孩。近期，一项对约370个，共涵盖100万个主题的研究进行的分析显示，女孩在每个学科上的表现都要优于男孩，包括科学，并且这个现象广泛存在于当今全世界范围内。

相比男孩，女孩：

◆ 参与更多的课外活动（学生管理、荣誉团体、学校报纸以及辩论社团）；

- 做更多家庭作业（在十二年级之前是男生所做作业的 4 倍）；

- 有更高的大学入学率。从 1994 年至今，女孩录取率提升了 8%，
  男孩录取率则保持不变；

- 有更高的大学毕业率。

而相比女孩，男孩更易于：

- 在 20 岁前死于意外事故；

- 被诊断出有心理、情感、学习或行为障碍；

- 在小学留级；

- 被勒令休学，退学或辍学。

这些数据令人深思。但是真的存在"男孩危机"吗？或许惠特曼尔和其他研究者看待这个现象的角度还有待商榷，或许不是男生的学业表现下降，而是女孩学习成绩不断提高了。学业上的性别差异并不是最近才出现的。从 100 年前开始普及义务教育后，女孩的表现就一直优于男孩。现在不同的只是有更多的女性升入大学，并且立志读到博士。女孩的机会增加就意味着男孩面临的竞争更激烈。

不过，事实仍然是男孩在学业上表现得更差。为什么？这与你儿子放弃努力又有什么关系呢？为了回答这些问题，我们再看一看大脑的构造。这次我们主要聚焦于男女的学习方式差异上。

男女的大脑差异

性别差异是一个热门话题。从20世纪70年代早期女权主义崛起后，性别差异也被高度政治化了。自那以后，女性在获取高薪工作和更高社会地位方面取得了长足的进步。但如今对女权主义的质疑之声却不绝于耳，比如霍夫·萨默斯（Hoff Sommer）《对抗男生的战争》（*The War Against Boys*）一书的副标题就是"偏激的女权主义正如何伤害着年轻男性？"。在书中，她这样写道："学校环境不适合男生，因为他们被迫接受一套服从体系。"简而言之，霍夫·萨默斯认为学校在压抑男孩的男性特质。另有人认为男孩和女孩存在巨大的大脑结构差异，所以应该用不同的方式抚养和教育他们。

性别差异一直以来都备受争议。即便是最微不足道的研究成果，也能迅速得到媒体关注并大肆渲染，于是我们常会看到"女孩比男孩更有同理心""女人比男人更擅长一心多用"之类夸张的标题。更糟糕的是，相信"男孩危机"的存在或者提倡男女区分教育的观点，有时候是基于非常不合理的研究或者在严重偏离了事实背景的情况下得出的。不幸的是，所有这些夸张的言论都进一步强化了已有的性别偏见，无论对男孩还是女孩都十分有害。

事实上，根据丽丝·艾略特（Lise Eliot）博士的研究，男孩和女孩的大脑相同处远多于不同处。丽丝·艾略特博士是罗莎琳德富兰克林医科大学的神经科学副教授，经过谨慎的研究后，她撰写了《蓝脑和粉脑：小差异撕出大鸿沟，为此我们该如何做？》（*Pink Brain, Blue Brain: How Small*

Differences Grow into Troublesome Gaps And What We Can Do About It ）一书，她写道："经过大量研究，我发现并没有多少可靠的证据能够证明儿童的大脑存在性别差异。"男孩和女孩的语言能力、运动能力和情感能力的发展速度或发展顺序可能不同，但最终会持平。

不过，艾略特博士也指出了细微的差异，这些差异最初是"基因和激素杂交成的小种子"，但是在后天练习、家长的期待以及孩子屈从于性别刻板印象的强烈需求下逐渐被加强了。家长在塑造男孩和女孩的性别气质上扮演着重要角色。比如，在一项研究中，相比新生男婴的父母，新生女婴的父母更偏向于用娇嫩、弱小和美丽来形容他们的孩子。即便是细心照料孩子情绪的母亲也很容易忽略男孩对痛苦的表达（男儿有泪不轻弹）以及女孩对怒气的发泄。

尽管在幼儿园入学之初，男孩和女孩的起点相同，但传统教学要求学生安静坐着并认真听讲，这样的规则确实更适合女孩。现在我们仔细看看这些微小的差异是如何从一开始就成为男孩放弃努力的原因。

运动能力

运动能力分为大动作和精细动作。大动作包括爬、走、跑、跳等。在生命之初，男孩和女孩的大动作水平相当，但由于男孩更好动，得到更多锻炼，之后大动作会逐渐变得比女孩更为娴熟。女孩则比较擅长精细动作，精细动作不仅包括手指动作，比如系鞋带或扣扣子，同时也包括嘴的动作，比如单词发音。进入幼儿园之前儿童每日都是自由活动，但随着年龄增长，孩子嬉戏玩闹的时间变少，写字的时间增多。这时候，女孩的优势就显现了出来。甚至从幼儿园开始，精细动作相对薄弱的男孩就会遇到一些挫败。

视觉空间能力

女权运动最大的成果之一就是粉碎了男人比女人更擅长数学和科学的偏见。尽管科学、技术、工程和数学领域仍由男性主导，但女性正逐渐赶上。不过，男孩视觉空间能力的发展确实早于女孩。例如，男孩更擅长心理旋转（mental rotation），也就是在脑海里想象从各个角度看到的物体的样子。搭建乐高模型或者站在本垒板预估棒球的运动轨迹就需要这项能力。男孩还擅长区分不同物体的形状以及识别视觉图案。不过，在小学低年级阶段运用这些能力的机会非常有限。虽然这个阶段的数学课程也需要一定的视觉化能力，比如进位或列数计算，但对这种能力的应用都是较为线性和单一的（比如从左到右读方程）。

语言能力

人们通常认为女孩的语言能力优于男孩。但艾略特博士发现，虽然女人确实比男人话多，语言能力却是性别差异最小的能力之一，反映在5岁孩子的智商评分上也仅有2分之差，并且这个差异还会在小学阶段随着年级升高而逐渐缩小。不过，在入学之初，女孩确实有着以下这些微小的语言优势。

◆ 到孩子9月龄时，女孩要比男孩多理解50个词汇，相当于1个月的语言能力发展差异。

◆ 手势略多于男孩，约5%，而手势被认为是言语的先驱。

◆ 最近研究者发现，女孩的左右耳对声音的感知更对称，而男孩则右耳比左耳对声音更敏感。

总体来说，这些细微的差异使得女孩相比部分男孩更容易满足学校的要求。此外，这些差异还能在未来给女孩一定的语言优势。比如女孩没有比男孩说得多，但说得更快，她们也更依赖语言来构建社会关系。不过，成年后男人的词汇量与女人的词汇量大致相等。总的来说，女性的语言能力仅略强于54%的男性。

注意力

男孩可能更喜欢搭建火山模型，比方说用苏打粉制作火山岩浆；女孩则更擅长写一篇关于维苏威山或圣海伦山的短文。但进入青春期后，他们的能力已然非常接近。不过，保持静坐绝对是女孩的优势，也是课堂上老师对学生的一项基本要求。也许说男孩比女孩更坐不住对男孩不公，可能他们只是好动一些而已。人们常说女孩是用"糖、香料和一切美好的东西做成的"，所以理所当然的，她们在冲动控制方面要胜过男孩。男孩在自我控制方面的不足一直会延至青春期。实际上，男孩和女孩在3岁至13岁之间，最大的差异就体现在抑制性控制力方面。艾略特博士认为："男生更难适应学校生活，是因为他们在静坐、排除干扰和冲动、专注于作业方面存在劣势，而并非因为他们的认知能力比女生逊色多少。"

两性对比

女孩在语言能力上的优势，再加上发展更好的精细动作和抑制性控制力，使她们在入学之初便胜男孩一筹。虽然这些差异十分显著，但我们仍然要记住几点：第一，这些研究结果针对的是整个男孩群体和女孩群体，但并不是每个孩子都会遵循这样的规律。你可能会有一个喜欢玩乐高的女儿，或者是热爱阅读的儿子。第二，在将脑科学的研究成果直接用于解释人类行为时应特别谨慎。神经科学家们对大脑结构与人类活动之间的关系尚存在许多分歧，尤其是涉及性别差异这样复杂的问题时。此外，我们目前还无法解答诸如先天遗传和后天培养在孩子成长过程中的关系这样的难题。所以，我在本书中秉持保守的态度，只引用那些被同行学者认可的结论，寻找具有可重复性的研究，并且基于与这些研究结论相近的行为来提出我的观点。第三，也是最重要的一点，女人促成下一次科学革命的概率与男人写出下一部畅销小说的概率相同。至于认知能力，在成年之前，个体间的差异要远大于性别间差异。尽管男性和女性最初的发展路径稍有不同，但最后会殊途同归。

茫然的学校岁月

我在念小学时，觉得女生比男生聪明，因为她们往往字迹工整，交作业积极。每次我忘带铅笔或剪刀时（这类事情常常发生），都会向女同学借，因为相信她们总是有备用的。与大多数男孩子一样，我稀里糊涂度过了自己的小学岁月。之所以说茫然，是因为从幼儿园开始，男生就比女生有着明显的劣势。

想一想在当今这个课桌要按排摆放的后工业时代的教育环境下，取得好成绩需要哪些条件？我们用分数来记录一下。

班级成绩单

学校期望	女生	男生
静坐	1	0
认真听讲，吸收语言	1	0
自控	1	0
阅读	1	0
合作	1	0
总分	5	0

如你所见，男孩子在这些方面表现欠佳。在上表罗列的所有项目中，最突出的一点是女生更乐意取悦老师。这种性别差异源于男女寻求自身地位的方式的区别。女孩做事会从增进人际关系的角度出发，她们乐于服从

指挥；而男生则更喜欢在课堂上通过博得关注或者挑衅老师的权威来取得同伴的认可。这种性别差异并不全是后天培养的问题，也包含先天遗传的因素。在自然界中，当成年黑猩猩教幼龄黑猩猩如何挖白蚁时，雌性黑猩猩要比雄性更愿意跟着模仿。

男孩喜欢视觉呈现的教学材料，比如图片或图表等等。可喜的是，现在的教育者已经开始采用器材辅助教学，比如把可以转动的物体带到数学课堂，同时也引入了更多基于项目的学习内容。但是，学校仍然要求孩子在大部分课堂时间内保持静坐，认真听讲。男孩从越来越小的时候就面临提高自己静坐听讲能力的压力。

有一次，我应邀评估一个写作能力落后于同龄人的男孩，而他当时还在上幼儿园而已。我向校长提出，5岁的孩子不必非得会写句子或者简短的段落时，她回答说："但在我们学校这是硬性要求"。后来这名男孩的父母给他换了一所愿意给他更多时间成长的学校，他的写作能力也慢慢赶了上来。

难怪小男孩常常会觉得学校让人郁闷和压抑。我想，100年前大多数美国人过的那种农牧生活更顺应男孩的天性，因为他们几乎可以一天到晚活蹦乱跳。尽管注意缺陷多动障碍是一项实实在在的功能障碍，但它在当今后工业社会肯定要比在以前的农耕社会影响更大。最近一项研究对那些被诊断为读写障碍的男孩子进行二次诊断，发现实际上半数系误诊。他们其实并没有读写障碍，只是很难坐得住。在《培养高情商男孩》一书中，丹·金德伦和迈克尔·汤普森这样解释道："在许多老师眼里，要想让男孩提高学习成绩，就必须纠正他本属自然天性的活动规律、态度和行为。"由此可知，你儿子的厌学情绪可能从幼儿园就开始埋下了种子。

女孩在迈入幼儿园时所具有的起点优势，大致可以持续到五年级结束。托马斯·迪雷普特（Thomas Diprete）和克劳迪娅·布克曼（Claudia Buchman）曾针对男孩和女孩的社交能力和行为能力进行了比较研究，他们认为"女孩的阅读成绩领先男孩和数学成绩领先男孩，其原因有34%和24%得益于女孩的起点优势。小学阶段，女孩在注意力、毅力、学习热情、适应性、组织能力以及情绪、思想和观点表达能力方面都胜过男孩，对他人的感受也比男孩更敏感。"不过，他们最重要的研究成果是发现八年级的成绩比标准化测验分数更能预测学生将来能否完成大学教育。在中学阶段多数科目得 A 的学生有近70%的概率完成大学学业，而多数科目得 B 的学生完成的概率直接降到30%。多数科目得 C 的学生则只有10%的概率从大学毕业。那么，你觉得在八年级阶段得 A 更多的是男生还是女生？答案不言自明。

不过，不要放弃希望。这些数据是基于大样本得出的结论，并不意味着你儿子必然前途黯淡。我认识许多在中学阶段频繁得 B 甚至得过几次 C 的男孩，他们最终也考入了大学并顺利毕业。男孩需要时间成熟，他们的大脑需要时间发展，而大学也仍然需要尽量保持学生的性别比平衡。不管怎样，让男生投入学习仍是挑战。接下来，我们看看查和卡爱等资深教师对于提升男孩学业表现的经验分享。

营造安全感

卡爱认为应该给男孩充分的鼓励和认可，应该为他们营造心理安全的学习环境，让他们不用担心自己会显得太蠢或者太聪明。基于此，卡爱常说一句话"学生需先知道你对他有多关心，然后才会关心你有多少学识"。金德伦和汤普森认为："应该让男孩感觉到自己被完全接纳。只有在他觉得自身的能力发展进度和行为都正常，并且别人看待自己的眼光也正常，他才能全心投入学习。"

作为家长，你有义务鼓励孩子学习，培养他的求知欲。为此，你不仅要容忍他时而咄咄逼人的观点，还要在他向你求援时——比如请你为他修改作文——提供帮助。你可以帮他分析观点（记住，分析他的观点，不是你的），但一定要确保最终的版本反映的是他的想法。如果他向你求助，你切记不要激发他的羞耻感。同样，如果你感觉他被老师羞辱，一定要站在正确的立场。根据我个人的经验，有些老师会无意识地利用学生的羞耻心理来规范学生的行为，即使他们的出发点可能是好的。我的孩子在上三年级的时候，一位老师把他的桌子一侧转向讲台，意图监督孩子是否在上课时做小动作。但她完全没有意识到这么做会让孩子很难堪。后来我们向她言明弊端，并要求她把孩子的桌子调整回来。

明确学习的意义

相比女孩，男孩如果认识不到学习的用处，就很难投入学习。《自驱力：关于动力的真相》（*Drive: The Surprising Truth About What Motivates Us*）的作者丹尼尔·平克（Daniel Pink）认为明确学习的意义极为重要。对此，我非常赞同。经常有男孩问我："如果我永远都用不到代数、历史还有英语的话，为什么还要学？"相信我，我曾经冥思苦想、皓首穷经想找到能够令这些男孩满意的答案，但目前为止，我还没有找到真正有说服力的回答。不过，我曾经尝试用以下方式回答他们。

- ◆ 你也许用不到代数知识，但这不是重点，重要的是它能教会你逻辑思维、错误甄别和坚持。

- ◆ 我不知道你为什么一定要学这门课程，但我知道全世界每所学校都有这门课。所以，肯定有人觉得它非常必要吧！

- ◆ 你想上的大学不会关心你是否喜欢自己的老师，也不会觉得你没读过莎士比亚也无所谓。你要知道，成功的一个基本前提就是能够去做自己并不想做的事情。

- ◆ 民主能否实现取决于公民的受教育程度。也许你永远不会用到所学的生物知识，但我希望在投票站选举领导人时，站在我旁边的人也能有充分的基础知识，做出明智的决策。

- ◆ 我在高中时也觉得数学没用，但讽刺的是，我现在经营一家医院，必须要做财务预算。

◆ 大脑是可塑的，随着你的学习和成长，你的大脑也在变化。学习代数时，不仅"代数"神经细胞活跃，学习过程引起的化学反应还能刺激与代数无关的临近神经通路。这样一来，你也会更容易记住各大战役的日期或者化学元素周期表。

◆ 青春期是武装大脑的黄金时期，你现在的大脑比以后任何时候都更好用，更适宜学习新东西。抓住机会尽可能补充知识，毕竟人类大脑是用进废退。当你25岁发育成熟，你的脑子就会封存住你所学的知识，此后再学新东西就会更困难。

我希望你的孩子能够比我的咨询者们更听得进去这些回答，但是我猜你的儿子很可能对这些回答也不买账。关于学习无用的问题，我向一些老师请教过。其中包括查·雷迪。他是这么回复我的："当我听到学生说他们正在学习的课程无用时，我内心其实是认同的。后工业革命教育模式的确有效，也十分重要，但现在我们的学校设置有很大一部分已经过时，比方说强制要求特定年龄的孩子上特定的年级，学习特定课程。世界已经不复往昔，但学校的结构设置却沿袭旧制。所以，我同意孩子说的。学习仍然是有用的，原因很多，只不过有用的不是内容，而是学习的过程、逻辑思维以及学习的意愿。"

大卫·默里（David Murray）是美国加利福尼亚州的一名高中数学老师，他也持类似的观点。

"我在学生时代也是一名无知少年，所以我非常能理解他们。我对他们开诚布公，实话实说。当他们说自己永远也不会用到数学时，我回答是这样子的。大概率是这个班级里没有一个人会成为数学家，你们当中99%的人学完这门课就不需要再学高阶的代数。但如果我不教就是我失职，因为你们99%的人需要掌握逻辑思维，拥有数感。在现实世界中，许多问题的解决都需要做定量分析，比如你们中很多人需要还助学贷款或者其他抵押贷款，并且每个人都需要平衡自己的收支。"

大卫继续用指导体育运动来说明。

我知道有些东西是学生漠不关心的，他们的心思在千里之外。除了负责数学教学，我还是足球和篮球教练。我可以打赌，他们也没有人会成为职业选手。但作为教练，我还要教他们赛场之外的生活道理，数学课也同样。

安东尼15岁，他在高一就差点挂科，作为他的治疗师，我与他进行了一场诚恳的交谈。

安东尼：我讨厌写作文，我今后也不需要写作文。为什么我要上语文课？

我：你这么说很有意思。那你认为九年级的学生应该学习哪些课程？

安东尼：嗯，数学，大概还有科学。

我：西班牙语呢？

安东尼：西班牙语绝对没必要，我根本不会用到西班牙语。

我：据我所知，在有些国家，到大约六年级的时候，所有学生都需要参加一场考试，考试成绩将直接决定能否上大学。通过考试的学生接下来学习大学预备课程，没通过考试的人则主要在中学阶段学习一门技艺或者其他基本技能。所以，如果你生活在英国，你可能根本就不需要学习现在你学的一些课程。这听起来怎样？

安东尼：我不知道。

我：现在我们假设你要立即决定长大后想做什么，你可以只选择与你想从事领域相关的课程。

安东尼：我不知道我长大要做什么，也许是像我爸爸那样做生意。这样的话，我现在需要学数学。

我：只有数学吗？没有别的课程吗？

安东尼：商人还必须会写商业计划书、商务信函。看来我现在还是需要好好学语文。

孩子放学回家，你可以问问他在学校具体都学了什么，和他聊聊学这些知识的用处和意义。与其泛泛地问他今天过得如何，不如问问他具体学了什么。挑一门课让他教你一点东西，兴许他会让你对法国大革命有些新的认识。问问他对某部小说中特定人物的理解，或者让他用自己在历史课上所学知识分析下时事。你可以表达自己的观点，甚至可能想读读或重读他正在看的书。我自己在成年后，就比在高中时更喜欢《伟大的盖茨比》（*The Great Gatsby*）和《蝇王》。

总之，你的目标是培养孩子的求知欲。要培养他的求知欲，你应该首先培养自己的求知欲。吃饭时，你可以提出你感兴趣的话题，或者问问孩子时事。我的孩子在小时候，每个星期五晚餐时，我都会问他们这周发生的世界大事。另外，还要阅读！阅读是向孩子示范学习意义的最佳途径。

让阅读变成一件酷事

不是每个男孩都有幸遇到像卡爱·巴塞孔塞罗斯、查·雷迪或大卫·默里这样的老师。但如果你能让孩子觉得阅读是男人会做的一件很酷的事，情况就会有很大不同。布鲁斯·皮里是加拿大安大略省米西索加市的一名英文教师，他指出："小学生和初中生常认为阅读是女人的事儿，只有妈妈才会读书、看杂志。"出于对男生阅读问题的深深忧虑，布鲁斯甚至专门写了一本书。他认识到大多数男孩都不擅长表达自己的内心情感，所以在他们眼中虚构作品索然无趣。他希望有一天能够看到阅读和写作方面的性别差异缩小，就像数学和科学领域里那样，只不过这次需要赶上来的是男生。为此，布鲁斯提议简单调整小说鉴赏课的课堂教学方式。具体地说，就是课堂上先不让学生表达自己对作品的感受，而是先让老师分析小说的历史背景、情节和主题。

皮里认为男孩觉得写作困难是因为这个过程有很多不确定性。写作需要很高的"不确定性容忍度"，而这会让他在短时间内感到无能、软弱和失控。男孩偏爱那些高度有序并且有确定规则的活动。皮里的观点是，相比"自信训练"，男孩更需要进行"犹豫训练"。我会在第十二章中对此进行详细介绍。但在此之前，如果你是一名父亲并且手头没有在读的书，就挑一本读起来，因为男孩很少看到男人阅读除体育或商业之外的文字内容。选择一本你儿子也可能感兴趣的书，确保他看到你在阅读此书，并跟他谈论一点书里的内容，然后建议他也可以读读看。如果孩子还比较小，你可以组织一场亲子读书会。我猜你可能会不好意思邀请朋友加入，但他们的加入才是最重要的。你可以向他们解释说："我们很想让吉米放下游戏，看看书……"你或许会惊讶地发现朋友们很配合。读书会上，你们可以阅读那些被改编成电影的作品，并将电影版本与原著进行比较；也可以参加一些非阅读活动，比如球赛或露营，或者计划一场与书中内容相关的短途旅行。总之，尽可能组织或参与一些以阅读为主题或有图书元素的活动，你的儿子会从中受益。在附录 H 中，我推荐了一些男孩可能会感兴趣的图书。

帮助孩子培养课外兴趣

如果孩子确实不爱学习，你可能真的需要帮他培养一些课外兴趣。我接触过许多放弃努力的少年，他们构成了一种新的类型——兴趣专业型厌学者。有些男孩甚至将自己的兴趣爱好发展成了小生意。一名八年级学生专门拍摄在当地参赛的山地骑行运动员和滑雪运动员，并将照片挂在互联网上售卖。他成了当地雪山的一名权威摄影师，甚至还获得了一张赛事的免费通行证。但是，经营这项小生意的后果是他忽略了自己的家庭作业，他的父母为此频频发怒。不过，我倒比较支持这类创业型厌学者。据我所知，许多成功人士小时候都把大量时间花在自己的爱好上，而不是全身心投入做题。汤博乐的创始人大卫·卡普就是一个现成的例子。他11岁开始学习HTML，15岁从高中辍学，之后就开始专心从事电脑编程，到27岁时，其身家已逾2亿美元。你的孩子也许不会有这么辉煌的成就，也许你仍然需要鼓励他好好学习，但也不要低估他的兴趣爱好的价值。

让孩子动起来

毫无疑问，男孩应该多运动，体育锻炼能够改善他的情绪，提升专注力。《林间最后的小孩》（ *Last Child in the Woods* ）一书的作者理查德·洛夫（Richard Louv）创造出"自然缺失症"（nature deficit disorder）一词来描述现代社会对户外运动的拒绝。基于洛夫的观点，英国研究者发现，8岁左右的孩子可以准确认出游戏《宝可梦》（ *Pokemon* ）中的角色，但对常见树木的名字却十分生疏。不过，如果你儿子是一个比较宅的孩子，我也不会特别建议你每天把他赶出屋去进行户外活动。我希望你们能远离权力斗争，而不是因为这个问题引入新的斗争。根据我的经验，很少有父母能够成功将他们极不情愿的儿子赶出门参加体育锻炼。因此，如果可能，尽量不要开车送他上学，让他步行或骑车去。家长自己也要以身作则。

归根结底，强大的学校培养强大的男孩，但它们也培养强大的女孩。一些儿童研究专家如伦纳德·萨克斯（Leonard Sax）博士坚持认为施行男女区分教育对男女均有利。但是，查·雷迪则认为男女混合教育更有利于男孩成长。我倾向于赞同查的观点。虽然安安静静排排坐的教学方式的确不符合男孩的成长需求，但它确实是让普罗大众接受教育的最有效的方式，而教育大众才是义务教育的初衷。

提升教育之我见

◆ **缩减班级规模。**虽然说起来容易做起来难，但这条措施确实能在最大程度上改进学校的教育质量。

◆ **废除强制性标准考试。**这些标准化考试并不能保证"一个都不落后"，只会扼杀学生的创造力，因为教师们被迫要按照考试安排教学内容。

◆ **推迟每天的上课时间。**只有从未接触过青少年的人才会认为7点半开课、11点半吃午饭的时间安排对青少年是合适的。

◆ **早晨进行体育活动。**目前，学校课程开始时间过早。有些地方通过将体育活动时间安排在每天开课之前来解决这个问题。这么做还有一个额外的好处——能够提升学生的注意力。这样安排还确保了男孩在学校里就能完成必要的身体锻炼。

◆ **减轻作业负担**。如今学生的作业量已经大幅度增加，但这么做除了给学生增添不必要的负担之外，并没有什么好处。

第二部分

从冲突到改变：内在动机的种子

From Conflict to Change:
The Seeds of Motivation

经过前文的介绍，你应该已经能更客观地看待和理解男孩面临的挑战：孩子缺乏内在动机只是他的情感和心理发展状态相交织的一种临时状况；大脑发育过程决定了他的前额皮层尚需一些时日才能实现最优性能；学习对于男生来说要比对女孩更为困难，至少一直到高中都是如此；男生承受着捍卫自身男子气概的压力，这种压力不会因为学习成绩优秀就有所缓解。你要认识到内心的挣扎是男孩发展过程中经历的一个正常阶段，其实他的内心深处已经认同教育和成就的价值，并且他也想要做得更好。现在，你要做的是制定并实施计划，将他从旋涡中解救出来，帮助他走向自主。

"动力"一词源于拉丁语，意思是"运动"。根据德西和瑞安等学者的观点，有三项基本元素能为动力提供燃料：能力感、掌控感和与他人的联结感。这是内在动机、自驱力所必备的三要素。但截至目前，你儿子的动力仍来自外界：他的老师和你。随着他逐渐成熟，这种外源动力既难以为继，也不够理想。你想要的是让孩子自己设定目标并且驱动自己去实现目标。

第 七 章

悖逆反应和虚假独立的阴谋

He's Not Lazy:
Empowering Your Son
to Believe in Himself

"妈妈，你还没明白吗？"一名成绩不理想的男孩的妹妹对他们的母亲说："哥哥的问题都在于控制：你控制他去做作业，他通过不做作业控制你。"

你正在好心办坏事。你的一系列错误设想和反射性行为已经在不知不觉中成为孩子成功的绊脚石。你盲目跌入我称之为悖逆反应的陷阱。这个陷阱隐藏在你对儿子的错误设想之下。这些设想我前面已经特意揭示，它包括以下几点。

- ◆ 他在思想上和情感上都已做好了应对一切困难的准备。
- ◆ 他没有发挥出他的潜力。
- ◆ 他不关心学习。
- ◆ 他很懒。

基于这些错误的设想，你开始以超人的姿态去充当他的行动引擎。你一厢情愿地以为只要对他进行充分的监督、辅导和训练，就可以左右他的自然发展过程。好在现在你已经认识到自己的错误，认清了阻挡你成功的障碍。以下这些是你以前从未意识到的。

- 他正在经受情感发展和认知发展的阵痛。
- 能为他应对学习挑战提供最大助力的那部分大脑区域（前额皮层）要到 25 岁才能充分建立通路，完成绝缘工作。
- 他正在与你做切割，这意味着他会反击你对他的一切教育，即便他仍然需要你的指导和监督。
- 他对片面的男子气概的执迷使他对学习秉持冷漠的态度，并因过度自尊而不愿寻求帮助。

悖逆反应

现在我要帮你挣脱这个盲目的陷阱。悖逆反应的悖逆之处在于：你越是鞭策他，他自己就越不愿动。表面看是他冥顽不灵，但背后却有着更深层次的原因。悖逆反应最初表现为时进时退的犹豫。在第一章中，我通过自评练习让你认识到"下限先生"并非不关心自己的成绩，他只是不确信是否该投入努力。第二章中，我把进退之间的心理矛盾比喻为一座桥，跨过桥意味着孩子脱离儿童期的依赖，成为一个自立的成人。通过第五章，你了解到依赖父母不仅会让青春期的孩子感觉自己仍然是个孩子，同样也会威胁到他正小心树立的男子汉形象。孩子假装不想再继续听你的话，而你则理所当然地认为他是满不在乎。

不过，这并不是他一个人的战斗，你对战局也有很大影响。与他共处的时间越来越少，几年之后，他就要独立保卫自己。你担心按照现在的情形，他的未来难免会多灾多难。但是，你的忧虑只会产生不良后果。你希望孩子至少能意识到自己的停滞不前："我知道我必须做作业，但是作业内容太无聊，况且《使命召唤》①刚出了最新版本。如果我不把成绩提上去，我就考不上好大学，但是我的作文实在写不下去……"也许他确实意识到了自己的问题，只是没告诉你。你与他的谈话简短而无效。

家长：去做你的作业。

儿子：少管我。

本来这只是孩子的勤奋、志向和学习意愿与他的焦虑、依赖心理和自我宽容之间的内部冲突，最后却演变成你与他的较劲。

这就是进退之间的矛盾心理，接下来我们可以用一个小小的实验来进一步说明。

---

①《使命召唤》，Call of Duty，是一款由动视公司于2003年最初制作发行的游戏系列。

举棋不定

首先，想想你自己做出的重大人生决定，比如上哪所大学、是否接受某个工作，或者是否将一场恋爱关系推进一步。你还记得你在脑海中反复思索、权衡利弊，感觉就要一锤定音了，却在仅仅一小时后又彻底改变心意吗？

现在假设你与另外一个人一起做一个重大的人生决定，比如备孕。你是否有段时间想要孩子，但你的爱人却没有这样的想法？你会因为对方的态度改变立场吗？不，你不会。但一旦你的爱人妥协，你是不是又忽然临阵退缩？当你的妻子或丈夫再次放弃要孩子的提议时，你是否又开始想象为人父母的美妙，但却不会考虑有孩子后要承担的责任。不过，一旦障碍被消除，你就必须面对这个现实因素。你们的心理活动循环往复，直到你们两人都体会到为人父母所需承担的责任和兴奋。

与夫妻二人考虑备孕不同，在你与儿子之间的权力争斗中，你们是不会交换立场的。他渴望消除自己的焦虑和自我怀疑。你越是不安，他越是冷静，因为对他的学业和未来的焦虑负担已经不知不觉转移到你的身上。这样一来，他可以抱怨你对他的严厉和步步紧逼。我无数次听到我的一名年轻咨询者抱怨："我的父母才是最大的问题。如果他们不请那么多辅导老师和心理治疗师，我自己会把学习成绩搞定。"青少年是天生的反叛家，一旦你跌入悖逆反应的陷阱，就相当于为他输送军火，只会助长他的反叛气焰，让他更理所当然地厌学。有个孩子直言不讳地告诉我："我的成绩一直没提高，因为我爸总是让我很烦——实际上他那么做只会让我不想好好学习。后来我学会提前预习、不再拖延，也是靠我自己，不是因为他唠叨我才这么做。"

此外，还有一层心理：孩子觉得通过拒绝你的帮助或者反抗你的所有要求，自己就可以成为主宰者。在执行功能方面，他想不劳而获，把自己从学徒提拔为师傅。不幸的是，他把你拉进一场惨烈的斗争，确保你对他的生活持续过度参与。他就这么巧妙地推迟了成年的来临，延长了对你的隐秘依赖。我将孩子这种认为拒绝努力学习就是真正自主的自欺欺人的想法称为"虚假独立的阴谋"。借助隐秘或公然的不努力，他让家长替他背负了所有焦虑。尽管表面上他是在对抗你的监督和控制，但实质上却是逼迫你更加深入地参与他的人生。

数年前，我曾接诊过一名叫扎克的高中生。在当今电子游戏风靡、电脑普及的年代，他的爱好显得非常有意思——造船。当他还是个学步幼童时，扎克就对浴缸里所有能漂浮起来的物件感兴趣。随着年龄增长，他尝试建造的东西也越来越大。他们全家人去新罕布什尔州度假时，扎克甚至能花数小时将泡沫聚乙烯、木头以及一些他自认为能造船的材料拼接在一起。扎克甚至还结交了一名真正的造船师来教他这门手艺。在扎克来拜访我之前，他家的车库有一半空间都被他最近建造的一只近5米长的帆船占据。其实，如果不是耽误了学习，扎克的造船爱好倒并没有什么大碍。对于扎克来说，学习一直不是件易事，他既有注意缺陷多动障碍，同时还有轻微的学习障碍。有一次他告诉我："有学习障碍就像是参加赛跑时，别人都在平地冲刺，你却在跨栏。"上小学的时候，扎克并不拒绝父母的帮助。但如今已经是少年的他开始对家长充满敌意，拒绝他们的帮助。

在对扎克进行心理疏导的过程中，他痛苦地抱怨父母对他的严格管束，使他甚至打算偷偷跑去新罕布什尔州造船。但现实是，扎克的学业失利反而进一步加深了他对父母的依赖。尽管扎克非常聪明，但他的厌学行为可以确保他将被全美国任何一所四年制大学拒之门外。每天晚上，他的课本都停留在下午翻到的那一页，而他一心在车库组装船。他的父母对此深感绝望却又无可奈何。他们觉得扎克似乎不明白自己需要学习、长大成人。尽管家长支持扎克的爱好，但在他们眼里，上大学是底线。由于不知道该怎么做，他们对扎克的管控更加严格，强迫他每天放学去图书馆学习，每晚检查他的作业，频繁找老师谈话。有一天，扎克告诉我："如果我现在做的事情都不能让我开心，我才不关心成绩的好坏。"

扎克与父母的矛盾终于在他拒绝去上学的某个早晨爆发了。在我们的一期咨询中，我得知他不去上学是因为找不到鞋子，错过了班车。"要处理的事太多，太麻烦了！"他说。扎克告诉我，其实矛盾爆发的前一天，他回家时心情还不错，因为那天在图书馆里，他在老师布置的一个研究项目中取得了很大进步。但是晚上回到家，他妈妈因为屋里的卫生状况大发脾气，把他没有收拾的东西统统扔进垃圾袋，拖进车库，这其中也包括他的鞋子。扎克觉得他没法在和父母的斗争中获胜，即便他好好做作业，父母还是会因为他没有收拾屋子大发雷霆。于是就有了我和扎克如下的对话。

我：你为什么不去上课？

扎克：我找鞋的力气都没有了。我不想去找。

我：你觉得逃课一天的惩罚够吗？

扎克：我不明白你的意思。

我：要惩罚你妈妈对你发脾气，也许旷课一周才算公平。

扎克：我不能旷一星期课，我已经落后太多了。再说，我也不是在惩罚我妈。

我：不是吗？你觉得你不去上学她会怎么想？

扎克：生气，失望。我不想通过好好表现来取悦她。

我：这听起来就是惩罚。

扎克：你想让我怎么做呢？我去图书馆学习了，也准备考试了，到头来还得忍受她这样对待我。

我：有时候我们用惩罚来改变他人行为，有时候只是用来报复。你这么做只是成功地让你妈妈和你一样不开心。

扎克：那我该怎么做呢？权力都在她手里。

我：所以你变相报复了你爸妈。

扎克并没有朝他的父母吼"去你的"，可他心里在这么嘀咕。他的父母不知不觉诱发了他的悖逆反应，他们越是鞭策，他就越生气，越不努力。父母的过度管控使他们成了扎克眼中的愤怒对象。这种对抗隐藏了扎克不努力的真正原因。我们不能简单认为他缺乏内在动机，只有洞穿他掩藏在亲子对抗之下的矛盾心理才能更好地把握问题的实质。有时，孩子并不是单纯缺乏学习动力这么简单。想象一个塞满东西的提包，要使用这个包，首先得把里面的东西掏出来。

一旦诱发悖逆反应，事态便走向失控。这也是为什么在处理青少年内在动机问题时，不考虑亲子关系，一切干预都会失效。当你和孩子卷入冲突之中，就很难集中精力解决问题，尤其是当这个冲突本身在驱使他停留在没有负担和责任的舒适关系中时。简单说就是，对放弃努力的孩子施加严厉的管教，其危险在于你代替他成为了他的动力之源，从而使孩子丧失了发展内在动机的机会。而原本使孩子拥有这种内在动机才应是家长严加管教的终极目标。

现在。你需要改变自己的行为，需要放手，需要让路。如果你比孩子还焦虑他的成绩，那么我提出的干预计划就不会奏效。解决问题之前，我们需要先让你们之间的冲突回归到它本该属于的地方。

在你翻到下一页之前，我要告诉你扎克后来的故事。扎克从高中毕业后明智地选择了休息一年，加入了一个海外项目半工半读。第二年，他回到美国上大学。大学一年级的学习并不顺利，他跟不上课程进度，有几篇论文未能完成。随后，他离开了那所大学一年，去本地大学上课并恢复心理咨询。那一年，扎克开始变得更加独立，在学习上也更加积极主动。到了20岁，扎克意识到与父母的对抗实际上是依赖他们的一种方式。一年的失败教会了扎克要自己追逐自己的幸福，不再让父母为他操心。对于扎克来说，谋求独立并非易事，因为即便升入大学，扎克的父母还会向系主任询问他的成绩。后来，扎克顺利大学毕业，现在正攻读特殊教育的硕士学位。相比他人，扎克的求学之路一波三折，但好在如今25岁的他已经学会如何应对挫折。

第 八 章

自控

He's Not Lazy:
Empowering Your Son
to Believe in Himself

现在，你是驱动孩子学习的唯一动力。鞭策他行动令你筋疲力尽，这项工作好比推动千斤巨石，你铆足劲左推右抬，巨石却纹丝不动。这块巨石似乎有着无边无际的胃口，会吞尽你家里的食物，并且即使在家中盘踞十几年，却从来不会自动滚到洗衣篮。

你担心孩子就算从高中毕业升入大学，也会逃课去打电子游戏，宅在宿舍里以啤酒和薯片果腹，屋内到处丢着发臭的纸巾。你担心他不能管理自己的行为——不能进行必要的自我管理来承担生活的责任。而且，你还觉得他这个样子你难辞其咎。于是陷入了死循环：你为他做得越多，他为自己做得越少。

正如第七章中所说，这场权力斗争的胜利方是他，因为他成功地把矛盾冲突赶至他想放的位置——自身之外。但这样的局面不应该维持太久，你应该把冲突赶回他自身之内，让他直面自己的矛盾心理，培育内在动机的萌芽。你的目标应该是让孩子的价值观念、目标和志向驱动他自己学习，这也是他拥有内驱力的唯一方法。你最希望他拥有的品质，诸如自控、自我决断和自我调节，所有这一切都离不开"自"。获取自尊靠的正是这些品质，而不是放在架子上落灰的荣誉奖杯。

人的行为分为被迫和主动两种。研究行为动力超过30年的爱德华·德西（Edward Deci）和理查德·瑞安（Richard Ryan）把主动行动的动力称为内在动机，因为这种动力是行动者的内在本能。想想你在做自己喜欢做的事情时所感受到的快乐和兴奋，行动本身能给你带来巨大的满足感和能力感。你在做这些事情的时候是如此自然而然，似乎压根不需要任何动力。

很显然，你的儿子也有靠内在动机去做的事情。你大概永远也用不着去告诫他："如果你不把游戏打开，这周我就要罚你禁足"或者"不要浪费那么多时间整理衣服"，因为打游戏和搞乱房间是他的主动选择。他觉得玩电子游戏比做作业有意思，做数学卷子或背单词无比乏味。

当然，做自己不想做的事情是人生的一项必备技能，这种对自己意志的忤逆需要耗费大量的决心。想想你认识的意志最坚定的人（也许是你自己），你会怎么描述他们。你可能会用上进、执着、专注、勤勉以及目标导向这些词汇。尽管你可能想不出自我调节这个概念，但正如劳伦斯·斯坦伯格所说：我们控制情感、思想和行为的能力也是使我们保持专注的能力，尤其当事情变得困难、令人感到痛苦或无聊时。我们依赖自我调节以防止注意力涣散，强迫自己在疲惫时仍向前推进，在想要活动时待在原地。意志坚定的成功人士与犹疑不决、难以专注和容易退缩的人之间最大的区别就在于自我调节能力的差异。

棉花糖实验

数年前，心理学家沃尔特·米舍尔（Walter Mischel）通过他著名的棉花糖实验揭示了自我调节能力最重要的一方面。在斯坦福大学附属幼儿园，他让一群4岁的孩子环桌坐下，在他们每人面前摆一块棉花糖，并告诉他们，如果能等到实验者回来再动面前的糖，就可以额外得到一块。有几个孩子能够耐心等待，其他孩子则在他离开房间后立即吃下了眼前的棉花糖。这项研究的真正意义在米舍尔追踪这些孩子数年后被揭示出来。米舍尔发现，迫不及待吃掉棉花糖的孩子在许多方面都比那些在实验中更加自控的孩子表现得要差一些，最显著的表现是他们的学术能力评估测试（SAT[①]）成绩。那些在幼儿时期就表现出自控行为的孩子要比其他孩子平均得分高出210分。那么，忍住不吃棉花糖与人生的成功有什么关联呢？实际上延迟吃棉花糖能够相当准确地预测成功。米舍尔当时设计这个实验就是为了研究"延迟满足"，也就是用当下的耐心和辛苦工作换取将来更大的回报的能力。

---

① SAT，也称"美国高考"，总分1600分，是由美国大学理事会主办的一项标准化的、以笔试形式进行的高中毕业生学术能力水平考试。

培养自驱力

　　奖惩作为激励措施，在短期内也许有效，但根本上却弊大于利。父母的育儿目标不应该是让孩子顺从。作为家长，你的目标应该是让孩子因为你灌输给他的价值观以及他对努力的重视和尊重而想要做得更好、愿意付出更多努力。这个过程涉及西格蒙德·弗洛伊德（Sigmund Freud）发现的、被心理学家称之为"内化"的过程。孩子在小时候接受父母的价值观，但随着他们成熟，盲目接受并不足以使这些价值观牢牢扎根于他们内心。要让它们扎根，孩子必须把这些价值观化为己有。根据心理学家温迪·格罗尔尼克（Wendy Grolnick）的观点，"将特定的价值观和行为主动转化为个人的观念并无意识地进行自我调节的行为过程被称为内化。一旦这些价值观和目标被内化，孩子就会发自内心地基于自身的目标做出相应的行为。"换句话说，内化是将外在调节转化为内在调节的过程。

　　这个发展过程分为以下几个阶段。

内化过程的阶段

阶段	定义	动力源	例子
1. 服从	孩子为了得到奖励或避免惩罚而选择顺从。孩子不能独立完成任务，只在外部条件充分时才行动。	外部	为考试复习，因为害怕不及格被家长禁足，或者仅仅为了得到一个好分数。学习于他而言只是一种手段。学过的知识在考试结束后便很快遗忘。

（续表）

阶段	定义	动力源	例子
2. 驯顺	孩子为了自身价值感或为了避免羞耻和负罪感而想要去满足家长的期待。但这种驱动力仍然是外部的。家长灌输的价值观被内化为"爸爸妈妈想让我做的事"，而不是"对我来说重要的事情"。	某种程度上外部	原先单纯为了考个好分数而复习的孩子，现在为了获得自豪感或避免因没有好好努力带来的负罪感而学习。 外部压力给予了他荣辱感。不过，这种动力还未强大到让他主动克服学习困难的地步。他仍然会轻言放弃或轻易拖延。另外，他仍然会因被迫去做自己讨厌的事情而心生怨愤。
3. 认同	孩子因为想要成为他所仰慕的人或他所亲近的人而努力。这些人可能是家长、老师或者同龄人。他们身上令孩子仰慕的品质开始成为了他自身认同的一部分。为了强化自身的这些品质，孩子寻求所仰慕之人的赞许。	某种程度上内部	孩子想要考个好成绩是因为他喜欢这门功课的老师，或者意识到爸爸当初也是个好学生，而他希望追上爸爸的步伐。如果孩子不喜欢任课教师或者觉得这门课程特别无聊，他仍然不会好好努力。
4. 自发	家长灌输的价值观和目标已经被孩子吸收成为自己的价值观和目标，并被整合进他对自己的认知之中。他完全对自己的行为负责，他采取行动是因为这些行动对他来说有意义。这些行为也许能给他带来快乐，也许是他实现自身目标的手段。	内部	孩子对学习感兴趣。他学习知识是为了掌握知识，提升能力。尽管他不喜欢这门课程，但是他知道自己必须为自己的成绩负责。

也许看着新洗的衣服叠好收入衣柜非常赏心悦目，但你洗衣服却并非因为喜欢洗衣服，而是因为你关爱你的家庭。像你所做的许多其他事情一样，洗衣服只是你对自己所珍爱的价值的表达。这种行为同样是随着时间逐步发展的。与其他发展过程一样，进步并非一蹴而就。对照上面的表格思考一下孩子的表现。如果他只在你的威逼或训斥下才去做作业，那么说明他还卡在第一阶段。或许根据事情和时间点的不同，他也可能处于第二阶段和第三阶段之间。

有一点需要清楚，无论孩子处于哪个阶段，你为他提供的外部动力都将是他阶段升级的障碍。如果你总是保护他免于挣扎或者失败，他就永远无法进入自发的阶段。要想让他确立自己的目标，并找到将之转化为行为的动力，只有一条途径，那就是放手让他自己做主。当然，这么做最初看起来感觉像是把一个不会游泳的人扔进水里，但在下一章中我会向你展示如何创造一个能够提升他的自主能力，而又保证他不溺水的环境。

第九章

自主——前瞻教养

He's Not Lazy:
Empowering Your Son
to Believe in Himself

为了成长，孩子需要形成自己的观点，做出自己的选择，尽管他似乎还未准备好。为了帮助他，你需要对他进行前瞻教养，也就是把他当成你希望他成为的人对待，而不是不停地去改造现在的他。前瞻教养需要你停止与现在他不成熟的自我产生冲突。这个自我认为自由就是有权不负责任，永远做个孩子。同时，前瞻教养也意味着你无需再费气力地把他改造为他不可能成为的人。

现在是时候让孩子明白，行使自我意志的同时要对自己所做的选择和行为负责。自主是指做重大决策的自由，但并不意味着可以随心所欲，它还要求你承担后果，管理好决策带来的焦虑和自我怀疑，容忍失败带来的挫败感和失望情绪。布鲁斯·皮里关于"不确定性容忍"和"犹豫训练"的理论，不仅适用于阅读文学作品（详见第六章），同样适用于青春期各个方面的发展。支持孩子开展独立思考和问题解决——也就是自主的发展，最有利于培养内在动机。

在青少年时期父母的这种支持非常重要，因为在这个阶段，孩子的抽象思维和自我意识快速发展，使他开始形成自己的身份认同，这种认同既涵盖了他从小被父母灌输的价值观，又将他区别于自己的父母。个体向成年的过渡需要摆脱童年的依赖，走向自立。

研究自主和父母控制的权威专家温迪·格罗尔尼克（Wendy Grolnick）博士开展了大量研究，对被父母过分控制的孩子与父母支持自主的孩子进行了比较。或许正如你所料，他发现被父母过度控制的孩子在孤立无援时往往轻言放弃。他们成绩更差，与父母的冲突更多，并且觉得自己被迫要以特定的方式思考、感受和行动。而来自重视自主的家庭的孩子更坚韧不拔，能学会如何自己解决问题。他们比被父母过度干预的孩子成绩更好，与父母的关系也更和谐。格罗尔尼克总结道："父母支持孩子自己做主，既有助于培养孩子的内在动机，使他从容应对自己的处境，也能提升孩子的自信及对世界的掌控感，增强孩子对行为的自我调节能力。"

其他研究者也支持这一观点。自述成长于温暖、稳定和民主家庭中的孩子比他们的同龄人有更好的学业表现，因为他们能更正面地看待自己的成绩。与被父母过分控制的青少年相比，他们与父母的关系更为亲近。对青少年来说，自主可提升自尊、自信、学习成绩和整体心理健康水平。被剥夺自主权利的青少年则更难自立，并且面临抑郁和低自尊的风险。

也许你和很多家长一样觉得支持孩子自主说起来容易做起来难。为了解决孩子的学习问题，有太多家长跌入了控制孩子的陷阱。虽然这种控制看起来合情合理，但过度管教会阻挠孩子的自主，进而扼杀他的自驱力。

有一种方法可以解决这个问题，让你在不横加干涉孩子（情感和思想）的前提下，对他抱有合理期待，为他制定规矩。在下一章中，我会介绍如何帮助而不是控制孩子。现在，我们先来看看你会在哪些方面无意识地对他实施控制。

情感边界

家长的过度控制源于对孩子的情感边界缺乏尊重。情感边界是将我们与他人的心理空间和思想情感区隔开来的界线，它决定了哪些东西可以与人谈起，哪些是个人隐私；何时可以评价他人的选择，何时则应闭嘴。我们把无端的建议或对他人隐私的打探称为冒犯，因为这种行为实际上侵犯了他人的情感空间。

情感边界是维系每一段健康关系的必要条件，尤其是亲子关系。尊重孩子的情感边界的家长一举一动都是对孩子作为独立个体的尊重。"我关心你、爱你，但我尊重你是一个独立的个体，有自己的情感和见解。"一个尊重孩子情感边界的父母会向孩子传达这样的基本信息。

情感边界设定了我们对他人幸福负责的范围。如果家长过分干扰孩子的生活，把孩子当作自己的附庸，并过于频繁地提供帮助，那么就是在侵犯孩子的情感边界。你与一个人的关系越是亲密，你就越可能将他的负担当成是你自己的责任。这种无界的关心在一定时间内是合适的，比如当孩子还是婴儿，完全依赖你的时候。那个时候你需要迅速辨认他的哭声的含义——"我尿了""我饿了""我想睡觉"。然而随着孩子长大成人，情感边界开始支撑起他逐渐明晰的独立感和自立感，这时无界的关心就变成对孩子情感边界的冒犯。

下面的问题可以帮助你思考与孩子的情感边界是否恰当。

◆ 你是否过分关注孩子的快乐和悲伤？（我们有责任让孩子幸福，但恰当的关心与密切注视他每一丝情绪波动是两码事。）

◆ 孩子难过时你是否比他更难过，他取得好成绩时你比他更开心？

◆ 随着孩子与你分离，你是否能够尊重他对个人空间和情感空间的需求？

◆ 你是否为孩子承担了太多的责任？

◆ 你是否尊重孩子的隐私？

◆ 你是否能在愤怒时仍然保持对孩子的态度得体？（礼貌是社会中最重要的边界之一。）

"魔术贴式育儿"

提到过度干预孩子生活的家长，我们会想到许多形象的比喻，比如像直升机盘旋在孩子头顶的"直升机家长"；随时决定俯冲到地面扭转败局的"黑鹰家长"；以及事无巨细都要过问的"总机家长"。在瑞典，这类家长还被称为"冰壶家长"，因为他们会将孩子道路上的所有障碍清除殆尽。此外，还有"矮胖子家长"，他们害怕孩子跌倒摔坏。最近格林尼尔学院的校长休斯顿·多尔蒂（Houston Dougharty）警告新生家长们不要做"魔术贴家长"。我想，可能很快又会流行一个新绰号："无人机家长"。

这些绰号说明，相比祖父母辈，当今父母更多地参与了孩子的生活。我的祖父曾说他成长于一种"善意的忽视"中。每个星期六早晨，他从布朗克斯区出发，走到曼哈顿，沿着中央公园溜一圈，傍晚5点回到家。那时他才10岁，他的父母不会问他一天都去了哪里。但现在，家长不会允许他们10岁的孩子在无人监护的情况下步行去学校。麦克·奥康纳（Mike O'Conner）在我们镇上管理着一个足球项目，有次他对我说，20世纪50年代他还是个小男孩的时候，他们一家住在爱尔兰。那时候家长从来不会去看孩子的比赛，当时没有这样的文化。但是现在，孩子每个周末的足球比赛成了家长的一项主要社会活动，许多家长甚至已经过度参与了孩子的生活。"有次在我指导球队比赛的时候，赛场对面有位家长对正在比赛的孩子大声嚷嚷，并且指手画脚，我当时不得不立即上前阻止他。"

管教孩子不是坏事，指责当今父母对孩子生活参与过度或许并不公平。相比过去的时代，我们投入到孩子身上的时间和精力让我们的亲子关系更为和谐、紧密。家长的参与对孩子的情感健康至关重要，但问题是不该过度。我们可以高度参与孩子的生活，同时仍然放手给他们自己做主的权利，但现实是这种尺度很难把握。如果你的孩子不能或不愿独立自主，那么你就应该思考是否是你的过度控制所致，是否是你的过度控制延长了他对你过度依赖的时间，以及造就了他的叛逆和不想努力。

芬威夫人就是一个很好的例子。像许多放弃努力的孩子的家长一样，芬威夫人几乎在方方面面都无法得到儿子的配合。她对此感到非常无助，她痛苦地抱怨儿子贾斯伯做的家务何其少，叫他早起上学何其困难。他们每天都吵架，贾斯伯经常错过学校班车，所以妈妈要专门开车送他上学。在其中一次咨询中，我们讨论起穿衣的问题，我问贾斯伯是怎么选择上学穿的衣服。芬威夫人没有片刻迟疑，立马插嘴道："每天晚上我都会提前帮他选好衣服，拿出来放好。"要知道，贾斯伯当时已经15岁了！尽管这个例子比较极端，但它确实能够帮我们理解孩子放弃努力并非因为他懒，而真的是亲子关系出了问题。

过度教养

过度教养有两种类型：说得太多和做得太多。当然还有两者兼有的。说得太多的家长放任自己凡事都发表意见，给孩子带来了不合理的影响。他们总是随时插入，品头论足："你不应该沿着对角线割草，要垂直着来""你适合穿蓝色，为什么不穿你的蓝色毛衣呢？"

他们最喜欢的词是"应该"和"必须"，他们觉得提供评论和建议是他们为人父母的权利和义务。有时候，他们还用到肢体语言，如不满的一瞥，或用某种特定的语调。他们经常觉得孩子必须去参加某项活动或聚会，写作文时必须遵循特定的格式。他们这么做出发点极好：帮助孩子获得成功、幸福。但是这种形式的过度参与大大降低了孩子形成自己的观点和发展独立思考能力的机会。

我的一位青少年咨询者曾经向我抱怨，他与朋友创建博客时他的父亲试图左右他的想法："你们的博客应该关注政治，不应该关注体育。"这位父亲接着还热心肠地建议他们应该写哪些人以及传达什么思想，直到最后孩子开口让他走开。

做得太多的家长经常迫不及待地想替孩子解决问题，把自己当作孩子的常备增援。他们把孩子忘记带的作业和校服送到学校，甚至替他们写作业，任劳任怨帮孩子打理好一切琐事，以便让他们把更多的宝贵时间用在学习上。这些家长为自己的奉献精神感到骄傲。

偶尔给孩子扔救生衣是必要的，但作为一种育儿方式，经常性的救援最终会剥夺孩子解决问题的能力，因为他总是有父母代劳。更糟糕的是，他会从这种模式中获得一种暗示：自己没有独立解决问题的能力。有个老师最近告诉我说："汤姆的爸爸妈妈代汤姆做了太多，以至于汤姆不知道如何做自己。""魔术贴家长"的孩子永远都无法信任他们自己的本能、欲望和能力。他在成长过程中总是期待有人会满足他的需求，自己的收获不是因为努力获得，而是因为自己值得。

最成功的人是那些可以忍受失望、焦虑和困惑，并将这些负面情绪化为动力的人。如果你不停地帮孩子摆脱困境，为他找理由，给他第三次、第四次机会，或代替他做本应该他自己完成的事情，那么他可能永远不会有机会亲历并克服这些必要的负面情绪。

此外，用梅德林·莱文（Madeline Levine）的话说："如果家长把孩子当作皇帝对待，认为他的唯一任务是好好学习为家庭增光，那么孩子只会成为妄自尊大的小皇帝，而不是乐于求知的学习者。"

奖励和赞扬

许多家长没有意识到奖励和赞扬是控制孩子行为的另外一种方式。尽管这种措施有时起效，但孩子对奖励的期待会降低孩子的内驱力。德西和瑞安揭示了一个最令人惊讶的真相：当人们做自己内心喜欢的事情时，提供奖励反而会降低他们做事情的动力。另有学者发现，奖励会降低创造力、深度思考和解决复杂问题的能力。家长承诺孩子完成家庭作业后奖励他5块钱，也许在短期内可以激励他学习，但很快他便会觉得做作业只是获得奖励的手段，奖励本身比做作业的过程更重要。有效的奖励可以激励孩子提高表现，但无法激发他长期的成功欲和价值感。

培养自立

既然家长过度干涉的弊端已经如此清晰，我们现在看看，作为家长，你可以采取哪些措施支持孩子走向自主。首先要明白一点，自主是种权利，一旦实现独立，便随之拥有自主权。家长确实拥有管教孩子的权利，但这项权利应逐渐转交到孩子自己手中。这个移交过程会持续许多年，直至他可以完全照顾自己。

参与孩子的生活，支持他做主，同时设定恰当的界限和期待，能做到这些并不容易。但这是你最重要的任务，也是你帮孩子立志、让他为自己的行为（比如不努力学习）负责、重新投入学习的唯一途径。

这是一场重要旅程的起点，接下来便是制定行动纲领。

让孩子自己选择。尽可能给孩子自己做决策的机会，并在你替他做决定时征询他的意见，实行民主式育儿。在他没有最终决定之前，你不要专横地独揽大权，要尊重他提出异议的权利。

做旁观式家长。不要急着替孩子解决问题，给他机会自己应对。在他没有采取行动时，你要沉住气旁观。尽可能让现实结果教训他，而不是你。如果他终将长大，为自己的行为负责，那就必须学会承担自己的决策和行为带来的后果。

让孩子形成自己的观点。让他给出自己的解释并说说为什么会这么想。不必认同他的观点，但要尊重他独立思考的权利。不要强迫孩子以你的方式去思考问题。你少年时期或二十几岁的想法现在还在坚持吗？或许是生活教育了你，那么也该教育教育他，所以顺其自然。

允许孩子提出反对意见。他若不想做什么事，要听他表达反对意见。他不想去并不意味着肯定不去。如果你让他发泄出心中的不满（记住，不要与他争辩），他可能会感觉舒服很多，进而变得愿意合作。这就好比你买了一根热狗，一边结账一边向店家抱怨太贵。

做脚手架，不做高楼。给孩子提供恰恰够他成功的支持，或者少一点也没关系，让他自谋手段。但是请谨记，这是他自己的建筑，不是你的。

当孩子认为你认可他独立思考的能力，他会更尊重你的家长权威，减少与你作对。如果你担心孩子会疏远你，请记住：他越是感觉到你把他当作个体尊重，他在情感上就越与你亲近。

如果你因为担心孩子长不大或者做错决定而事无巨细地管理他的生活，那么就相当于在变相告诉他，他无法独立做事。同时，这么做还会强化他对你的依附。最终的代价就是，孩子会怨恨你参与他的生活。他感受到的不是被尊重和理解，而是被控制、镇压或者操纵。他越是想得到更多空间，家长就越是越界。现在你也知道，他有一个非常完美的武器来对抗你，一种表达自己愤怒和坚持自己独立性的完美方式——放弃努力。

给孩子一个更好的选择吧！用发展的眼光对待现在的他，你会惊讶地发现曾经幼稚而懒惰的孩子会焕然一新。最终，他会接受你对他的谆谆教诲，并将之转化为完全属于他自己的、独特的东西。

第 十 章

停止拯救，
支持自主

He's Not Lazy:
Empowering Your Son
to Believe in Himself

对尼克和他父母来说，这个秋天实在让人糟心：进入初一，他的平均成绩还不到3.0。父母希望他能努把力把成绩再提高一些，这样他在申请大学的时候就能有更多选择。尼克知道他们的意思，但很早之前他就学会了对父母的话充耳不闻。否则他又能怎么办呢？父母一遍遍质问："你不关心自己的未来吗？"或者"你知道为了给你和弟弟创造这些机会，我们做出了多少牺牲吗？"他说"当然知道"，但这个回答并不能让他们停止控诉。然而，父母对他上大学的担忧只是强化了尼克的焦虑。为了逃避自己的焦虑和内心的无助、自责，他只好把时间花在视频网站上。

一个星期五早晨，尼克的父母下楼吃早餐，在厨房的桌子上发现了他留下的信。

> 亲爱的爸妈：
>
> 你们很快会收到我的成绩进步报告，但这个成绩不能说明我能否上得了大学，也不是我最终的分数，只是对这段时间里我自己学习情况的总结。我已经把以前漏掉的许多作业都补交了，本周我还会继续完成剩下未交的作业。我希望你们不要再跟我讨论这个问题，我知道自己作为学生的天职。谢谢你们听我说这些。不管怎么样，希望你们周末愉快！我深深爱着你们。你们养育我至今时今日，非常了不起，请继续保持哦！
>
> 爱你们的儿子，尼克

这封信让尼克的父母最终明白：要让儿子多做，自己就得少做。这也是我要说的最后一个范式转移。下面我再澄清几个认知误区，让你停止"直升机式育儿"，学会放手。

排查认知误区

误区一：家长可以改变孩子

实际上家长改变不了孩子。你可以把这匹不羁的野马送入学校，但你不能强迫他思考。最终要靠孩子自己想明白才可以。家长逼得越紧，孩子只会越叛逆。

误区二：只要问个不停，就会得到答案

"你为什么不能再努力一点？"或者"为什么不做作业？"这样的问题，问多少遍也得不到答案，反而只会招致怨恨。因此，家长需要跟孩子找到一种新的沟通方式。

误区三：可以通过羞辱或者问责的方式促使孩子改变

有一句英文古谚："莫出苛责言，且解疑难事。"我们前面已经说过，羞耻感会摧残男孩的心灵。家长越是让孩子感到无能和不足，他就越是躲藏在"无坚不摧"的面具之下。我最喜欢的育儿畅销书作者海姆·吉诺特（Haim Ginott）说："遇到问题时，不要指摘孩子的人格或性格，而是去帮他解决问题。"我在第四章中介绍了一些适用于孩子的祷语，现在我再推荐一句："不责备，不羞辱"。

误区四：时不我待

这是家长拥有的最具灾难性的想法，总是认为今天就必须把孩子的所有问题解决，否则他未来就一败涂地。正是出于这种恐惧，许许多多家长才不断干涉和控制孩子。但实际上没有人能够根据孩子的现在去预测他的未来，因为他的成长还有无限的可能性。把十几岁的孩子平移至他未来二十几岁的生活中，水土不服是必然结果。我儿子的老师提醒我们，"如果今年他还坐不住，没关系，明年也许他就可以做到。"到了第二年、第三年和第四年，老师仍然如此警示。到了他必须安静坐在座位上的时候，他自然而

然就能坐得住了。只要孩子开始学习管理自己，纠正自身缺点，家长就不要继续替他担负所有责任。

终结"直升机式育儿"，开始范式转移

现在你要认清你必须舍弃原有的"直升机式育儿"或"无人机式育儿"。孩子并不是懒惰，他可能只是觉得自己理应被照顾。一个合格的家长不会日夜操心孩子的需求并全力去满足他。我们需要认识到在新的范式中，父母应该允许孩子亲历适量的迷茫、失望和自我怀疑，这样他才能够在长大成人后管理好这些负面的情感。好的家长应该尊重与孩子分离的过程，不畏惧放手。你之前看错了问题的关键，所以这也是为什么你的方法不起作用。孩子放弃努力不是因为懒惰，而是因为内心处于矛盾之中，并且觉得自己理应依赖家长。如果你能帮助他解决这些潜在的情感问题，其他的问题也会迎刃而解。化解孩子的内心矛盾是一件非常棘手的事情，很容易过犹不及。你不能迫使他做出改变，只能帮助他走向成熟，自谋改变。你仍然需要约束他、要求他，但是在表达这些约束和要求时应该秉持一种积极乐观的态度。就像在他蹒跚迈开人生第一步时你为他加油呐喊，在第一天送他去幼儿园时你强忍泪水鼓励他一样，现在你也应该让他知道你相信他能自己解决问题，取得成功。家长给孩子最好的礼物就是接受现在这个被激素支配、狂放不羁而又精力旺盛的他，相信他会有属于自己的未来。不要预测他将来考不上大学，而是要告诉他："慢慢地，你就会知道该怎么学习了。"家长应该做孩子的拥护者，而不是检举者。

记住，没有立竿见影的办法。这是一个过程，绝不能拔苗助长，你的时间还很宽裕。这个过程可能从现在开始，到孩子步入大学也不会结束。实际上，他最大的成长可能发生在大学。相信他一定能上大学，慢慢来吧。

管理你的焦虑。家长关心孩子天经地义，但应该区分哪些是现实存在的问题，哪些是你臆想的灾难，这样你才不至于总是急不可耐地去拯救或控制他。试着想象一下他最坏的情形，尽量详细地记录下来。比如"他永远都上不了大学，睡在地下室，终日窝在沙发上打游戏。"这些假想的灾难会扭曲现实，唯一的解药就是用理智去思考。

应对最坏的情形

把你刚才设想的最坏情形写在下表中。像许多家长一样，你设想的可怕情形可能不止一个。然后参考附录中的焦虑日志帮助你解决每日排山倒海的担忧。

最坏情形	发生可能性	我如何应对?	孩子如何应对?
他上不了大学,最后终日沉迷于电子游戏。	不可能。世界上有各种各样的学校,总有一所可以接纳他。	寻求专业的帮助,确保他能够找到一份工作养活自己。终有一日,他会不满足于自己的穷困生活,重振精神开始奋斗。	看到周围的朋友都在进步,只有自己还在原地,他会感到害怕,这会激励他回到正轨。
他升入大学但中途挂科退学。	不可能。那时候他已经长大变得更加成熟,他可能会爱上自己的专业,爱上学习。	我知道很多孩子都会走到这一步,这通常是因为他还没有做好上大学的准备。我会对他进行心理疏导、参加补习、做份兼职,直到他能够继续自己的学业。	他会对现状不满。比起独自窝在家里没有朋友,上大学要有意思得多。无聊的现状会迫使他主动重返校园。

优点清单

接着,想想孩子的优点。下表列出了一个人获得成功所需的优点,只要孩子具备下表所列品质中的某几项,你设想的最坏情形就不会发生。在下表中用笔圈出孩子展现的优秀品质,哪怕仅仅是一点点沾边也可以,并用下划线标出排名前五的优点。

优点清单

宽容	做事尽力	变通	坚韧	坦白正直
活跃	能干	专注	执着	强壮
适应性强	用心	大度	积极向上	感恩
有冒险精神	自信	目光长远	强大	严谨
关爱他人	体贴	潇洒	敏捷	考虑周到
积极	有勇气	快乐	通情达理	坚强
警觉	有创造力	健康	善于接纳	信任他人
活泼	果断	有抱负	心态放松	值得信任
志存高远	专心	有想象力	可靠	诚实
踏实	坚决	心灵手巧	足智多谋	善解人意
坚定	忠实	智慧	负责	有个性
笃信	勤勉	博学	敏感	永不言败
细心	实干	富有爱心	技术熟练	多才多艺
大胆	热情	成熟	爱交际	有活力
勇敢	真诚	坦率	靠谱	有远见
聪慧	高效	乐观	精神丰富	积极肯干
有才干	精力旺盛	整洁	自发	迷人
认真	风趣	有条理	稳重	睿智
朝气蓬勃	忠诚	有激情	雄健	机智
聪慧	无畏	有耐心	沉稳	热心

多问少讲。那些"老大徒伤悲"的悲观预测和发号施令逼他学习的话，孩子只会左耳进，右耳出。错误的对话方式只会引起孩子的心理排斥。要让他听你的话，你首先需要听他讲。青少年尤其希望被倾听和被尊重。你说什么或者他说什么都不重要，重要的是在听他倾诉时，你的态度和反应。只要操作得当，倾听是表示理解、支持自立和鼓励独立解决问题的最有效的途径。释一行禅师写道："理解是爱的别称。如果你不能理解他人，爱也就无从谈起。"让孩子知道你理解（即使不同意）他的观点并尊重他表达内心想法的权利。你要让孩子相信你立场客观，理解他的想法而不是对他评头论足，这虽然需要时间，但却是让他心甘情愿听你话的唯一办法。记住，少即是多。只有尊重孩子的自主权，他才会愿意与你沟通。你要保持立场客观，带着同理心，同时克制自己。

与青少年对话的技巧

现在你需要的最重要的对话技巧就是懂得适可而止。如果孩子处处与你唱反调，那要么是你的方法错误，要么就是他还没有做好对你开诚布公的准备。这就像是一个指铐（一种魔术玩具），你越是拽（或拉），手指就越是无法动弹。遇到这种阻力的时候，你需要采用"停、放、顺"三步来摆脱困境。

- 停：停下来评估形势，看孩子是否在升级斗争、抵触交流、责怪旁人、推卸责任或者封闭自己。

◆ 放：放弃你现在的对话方式，暂时放下你的问题和计划。

◆ 顺：顺应阻力前进。如果不顺着来，孩子会更加激烈地反抗。

　　顺应阻力是指停止争论，明确告诉他你理解他的处境。

　　第二个重要的沟通技巧是让谈话朝着富有成效的方向推进。对此，要避免可能会造成谈话终止的一些陷阱。

◆ 批评或者下判断。

◆ 现身说法。

◆ 轻视他的感受或处境。

◆ 提供建议。

◆ 说他懒惰或不知感恩。

◆ 发号施令。

◆ 威胁。

◆ 长篇大论说教、辩论。

◆ 用"应该""必须"或者"有义务"等词汇进行训诫。

　　读完上面的交流禁忌，你可能觉得能说的内容寥寥无几。但就应该是这样。记住，遵循25—75法则，也就是用25%的时间说，用75%的时间听。

学会如何倾听

　　做一个好的倾听者，要遵循 EAR 法则，也就是鼓励详述（Encourage elaboration），给予肯定（Affirm），及时回应（Reflect）。

鼓励详述。抛出开放式而不是封闭式问题以鼓励他娓娓道来。封闭式问题用是或否就可以轻松作答，但回答开放式问题则需要更多细节的内容。

放弃努力的孩子经常会被父母问一些问题，这些问题的开放式版本和封闭式版本对比如下。

封闭式问题和开放式问题

封闭式问题	开放式问题
你想考高分吗？	你对现在自己的平均成绩怎么看？
你不觉得如果你努力一点，成绩就能提高吗？	你觉得怎样做能提高成绩？
你不厌烦爸爸妈妈整天唠叨你吗？	告诉爸爸妈妈怎么做才能帮到你？

鼓励孩子详述的其他方法包括：请求澄清（"帮我解释一下"或"还有别的吗？"）以及询问细节（说说你讨厌历史老师的三个原因）。如果他仍然少言寡语，你可以追问"能说多点吗？"但记住不要问得太多。只要孩子不是用"好""是"或"不"作答，或者小声嘀咕，你们的对话就是有效的。下面是一个例子。

父母：跟我们说说你对自己的分数有什么感想。

儿子：还可以吧。

父母：能具体说说吗？

儿子：好吧。我知道我还能再好一点。

父母：怎么说？

儿子：对我来说，集中精力做作业真的很难。

给予肯定。用一种建设性的语气给予正面肯定，让他明白你与他站在同一战线，比如"我很高兴你能这样说"，或者"我知道与我们谈这些，对你来说并不容易"。见缝插针、不留痕迹地把前文中你找出的他的优点植入到对话之中。

妈妈："我和爸爸刚才还在说你最近自觉性提高很多。我们看到了你的变化。"

及时回应。对孩子说的话给予回应（直接陈述，不要提问），把你对他所说内容的理解反馈给他，这也被称之为"镜面反射"。最简单的及时回应是重复或简单解读他所说的话，比如："嗯，专心对你来说确实不容易"，或者"所以你的意思是说你很容易走神"。更深层次的及时回应是直击他内心的感受。

妈妈：谁需要知道滑铁卢战役发生在哪一年？

儿子：看来你确实讨厌历史课，对不对？那你肯定很担心明天的考试。

不要担心犯错。犯错反而表明你在试图理解他的意思。

妈妈：你肯定很担心明天的考试吧！

儿子：你为什么总是提这个，真烦。

妈妈：对不起，我只是想关心你。你感觉怎样？

不要担心回应孩子的负面观点。这么做并不代表你在肯定他的负面想法，只是为了让他知道你理解他。

儿子：我的成绩还好。

妈妈：你的意思是你对自己现在的平均成绩很满意？跟我说说你的想法。

儿子：除了成绩，还有其他更重要的事情。我又不是书呆子。

妈妈：你说成绩不是最重要的，你觉得什么才是最重要的？

尽量回应孩子的矛盾心理，向他强调他所经历的矛盾是他自己个人的问题，与你无关。

妈妈：听起来你想提高成绩的愿望不迫切，另外，你内心也不认为自己有能力把成绩提上去，或者不确定自己是否应该努力。

带着同理心倾听，为此你必须打开思维，敞开心扉。如果你只是假装中立和好奇，孩子会分辨出你的虚伪。

你不必按 E-A-R 的顺序执行 EAR 法则。你可以在每次或长或短的对话中应用"鼓励详述""给予肯定"或"及时回应"中的一项或几项，你可以对着你的伴侣或者朋友练习回应式倾听。说不定你的夫妻关系、朋友关系也会一并得到改善。

与孩子谈论学习

此前，你一定与孩子多次谈论过他的学习成绩，但我猜你们的对话带来的多是失望和怒火。这次情况会不同。这次你将应用崭新的方法，做到尊重孩子的自主，同时又让他自负己责。如果你能够提前让孩子做好对话的准备（即便他不知道你要谈什么），你们的对话将会更加顺畅。下面是一些准备技巧。

预热

与孩子进行一两次闲聊，让他思考如何做出改变。时不时地问问题，只要你觉得他的交流意愿比较高时——也许是在车中、吃饭时或者在帮你做家务时——态度随和一些，这只是一场谈话，不是对峙。你的语调要带着好奇，并对孩子的话及时回应。即使在你心存疑虑的时候，也尽量用简单的"有意思"或"我明白"作答，哪怕单单"嗯"一声也可以。参考第一章中的自评练习。向孩子提问，让他对自己的任务优先性进行评分。

"你还记得以前我让你列出1到10的标尺，对学习在你心目中的重要性以及你对自己的能力的信心进行评分吗？当时你给学习的重要性打了12分，但给自己的能力打了6分。那么，你计划如何把6分提升到8分？"

"你觉得如果成绩提高后会怎样？"这不是一个鼓励刻苦学习的修辞表达。这个问题的实际答案可能会出乎你的意料。在我多年的从业生涯中，我曾经用这个问题问过许多咨询者，他们很多都告诉我说，如果成绩提高了，他们会担心能不能保持得住。如果你的孩子也给出了这个回答，你仍要保持你的中立态度。比如这样回应："这种担心也很合理。"

如果你问孩子"如果能一直保持现在的成绩，你觉得结果会怎样？"他回答说："没多大变化，我仍然能进入一所好大学"，你可以试着回答："很好，很开心你能有这样的自信"，或者说"我很高兴你没有太焦虑"。这些就是顺应阻力的"顺"。即便你不满意他的答案，但你的问题仍然提供了重要的契机让他去反思自己当前所处的境遇，并思考自己的未来。

支持孩子自主的工具

下面几项工具可以帮助孩子为自己的学业承担更多责任。把这些技巧融入你的预热准备中。

◆ 让孩子自己决策权衡。权衡利弊能够有效克服矛盾心理。关于学习，可以让孩子列出努力学习的得与失。

◆ 让孩子拥有自己的价值观。帮助孩子弄清并建立他自己的价值观，这是拥有内驱力的关键。青少年们喜欢谈论自己的价值观，因为这么做可以增强身份认同。孩子经常被问及的一个最简单、也最宽泛的价值观问题是："你长大后想成为谁？"在我多年的从业期间，当我用"什么样的人"代替"谁"来问这个问题时，我的咨询者往往能给出一些出人意料的精彩答案——"一个对家庭负责的人""被同事敬重的人"或者"善良的人"。

可以在吃饭时与孩子讨论价值观问题，要着重强调家里的每个人都可能会有一些独一无二的价值观。让孩子想象你们正在开派对，庆祝一个具有里程碑意义的生日，派对上好朋友将送上祝福。问问孩子希望自己的朋友都说些什么，希望自己的哪些优点被朋友提到。更多问题可以参考附录D"价值观揭秘"。

正式对话

既然你已经掌握了沟通技巧，做好了焦虑管理，完成了预热准备，那么现在就开始进入关键环节——开始正式对话，通过对话对孩子设定期望，同时支持他的自主权。你的任务是为孩子提供一个稳定结构，给予支撑，而非对他实施控制。这个计划的关键是搭建脚手架的思想。家长要做的是设定期望，看孩子能够独立完成到什么程度，然后调整支持力度以确保家长提供的帮助恰到好处。

帮助孩子制定有效计划的八个步骤

1. 明确问题，做好铺垫。你可以借鉴下面的例子，向孩子解释你想与他谈谈学习，不过你在交谈时应采取一种新方式。

"我们想了想，意识到你现在已经是一名少年，你有权确定你自己的目标成绩。我们相信你自己能想明白，相信你无论做什么选择都会努力去争取成功，因为我们能看到你的长处，你能照顾别人的需求，能为自己的摄影爱好付出努力。我们也知道，你重视学习，想在学业上表现得更出色。所以我们决定放手，让你自己做主。这是你自己的赛跑，你可以自己决定想到达哪个位置。不过因为我们毕竟是爸爸妈妈，我们仍然有义务确保你跑在正确的赛道上，确保你不是倒数第一名。我们也要确保你有好的身体和健康的生活习惯。"

2. 确定基本原则。

"我们的谈话会控制在20分钟内，如果需要更多时间，我们可以再商量是否继续或者推到明天、后天再继续。我们保证不批评、不生气，但你也要敞开说，不能敷衍我们只说'好的'或'我不知道'。"

如果孩子同意你的提议但在实际对话中却不合作，那么就尽快结束对话，推迟到晚一点的时间或第二天再继续。如此按照"停、放、顺"的步骤操作。在他真正投入到这场对话之前，你可能需要重复数次这些步骤。不过，对他的要求也不宜过高，保持在合理的范围内即可，毕竟他还是个孩子。只要孩子言之有物，简短的回答也是可以接受的。

3. 列出计划。告诉孩子你希望他能确定自己的学习目标，并且会给他时间慢慢实现这些目标。如果未看到孩子任何进步，你推测可能他需要更多时间学习，那么，可以适当限制他的自由时间。家长不能强迫孩子学习，但是可以帮助他减少分神的东西。

4. 设定目标。让孩子大致列出自己的目标。也许你和他的目标不尽相同，但重要的是这些目标是他自己的。可以参考下面的目标选项，但不要妄想着一次全选。

◆ 把成绩从 C 提升到 B 并保持 B 的平均水平。

◆ 保持现有分数，集中精力加强最弱的科目。补上最差的，然后再一一攻破其余的。

◆ 每天完成作业并上交，无论质量如何。这是我最喜欢的一个目标。如果你的孩子能做到这一点，他的成绩必然会进步。我儿子在八年级的时候，我问他为什么不能坚持做作业，他告诉我说："这就像投票，差一票不会影响结果。少做一次作业没什么大不了。"这个观点自然很荒谬。坚持完成作业，无论从哪个层面上来说，都是一个学生需要具备的最重要的能力之一。

◆ 每科都设定一个具体的目标分数。

至此，你和孩子已经完成目标设定。为了让这些目标能够成为有效的学习动力，必须再将它们分解成短期目标和长期目标。比如，每次考试或每篇作文的成绩不得低于 B。这将是你们下一场谈话的主题。给孩子附录 E 的"目标设定表"，让他花些时间填写，即便填不完整也没关系。

5. 寻求帮助，设定时间范围。询问孩子是否需要帮助，比如请辅导老师补习弱势学科或者向老师求助等。设定时间范围。我建议以 3 周作为一个阶段，这个时间长度有利于观察孩子是否有进步或进步多少。孩子可能无法在3周之内实现长期目标，但如果已经成功完成短期目标，接下来一切便水到渠成。另外，商定好衡量进步的依据。许多学校通过网络公布成绩，不过孩子们经常抱怨老师不能及时更新。在这种情况下，你可以用孩子最近的分数来衡量。但注意对孩子的学习成绩也不要太过密切跟进，不必细致到关注他每一天的进展。

6. 学会沉默。 最终应该由孩子自己来想清楚他需要什么样的方法，由他自己来实现目标。除非他没有提供你们商定好的用来衡量进步的成绩，否则别去干涉他提高成绩的计划或者追踪他的进展。不要一直打探他的进展状况或者在他房间门口窥探他是否真的在学习。对于许多家长来说，这是最难做到的部分。确保你和你的伴侣行动一致，彼此支持。当你们想要去干涉孩子的时候，可以尝试转移自己的注意力做些别的事情。

7. 3周评估。 3周之后，重新与孩子对话，看看事情的进展情况。如果孩子的确取得一些进步，拍拍他的后背鼓励他，然后再立下一个3周之约。如果没有进步，让他反思一下原因，想想补救方法。接着，制定一些约束规则。记住，这些约束不是惩罚，而是要保证孩子投入更多必要的时间学习，是为了帮他去除一些分心的事物。下面是一些建议。

◆ 取消周一至周五的屏幕时间，仅保留周末的2个小时（屏幕时间包括看电视以及所有与作业无关的电子设备使用）。为了执行这项约束措施，你必须在孩子做作业时监督他。如果星期日有一场他期待已久的足球比赛，那就很容易出现超时的状况，让他知道这一点，提前做好计划。

◆ 孩子在学习的时候，把他的手机收起来，直到他完成作业后再还给他。

◆ 如果是很活跃的孩子，把他的社交活动限制在周五和周六晚上。（注意：如果孩子本身有社交障碍，我不推荐这样约束。）

◆ 不要害怕设定严格的就寝时间，并据此执行。青少年们的睡眠不足问题十分普遍。关掉灯，躺上床，把孩子的电脑和手机收起来放到其他地方。你可以给他买一个闹钟来代替他的手机。是的，现在市面上仍然有卖这样的闹钟。有些是特意为青少年设计的。比如，闹钟响起后会在房间里翻滚，发出恐怖的声音，直到孩子抓住它，把它摁掉。

每周五向老师寻求反馈，如果目标没有实现，周末对他严加约束。比如，如果不能完成所有的作业，周末就不许他看电视、打电子游戏等。

8. **持续评估**。大约3周后再次评估他的进步。即便取得进步，也不要立即撤销原来的约束规则，而是继续执行至少3周——如果情况允许，最好到当一个学期结束。如果需要加大约束，尽快制定规则并开始执行。让孩子知道，如果他再次出现退步，这些约束将会成为永久性的限制。这个时候，最好也评估一下他是否需要额外帮助或者是否需要调整目标。

关于制定约束规则的一些建议

要执行与孩子商定的关于提高学习成绩的大计划，就一定要给孩子制定约束规则。对于许多家长来说，约束孩子不是易事，尤其在孩子不配合时。惩罚也许在短时间内奏效，但有很大可能会招致孩子更深的怨恨和逆反。你现在需要提供的是约束框架，而非操控。把这些约束看作你为孩子搭建的护栏，这些护栏应该是可调节的，以便随着孩子的成长给予他更多空间。护栏不能太高，也不能太多，防止他失去希望而企图翻越出去，毕竟打破约束也是孩子常会做的事。

育儿黑洞——权力斗争

家长和孩子不可避免会陷入冲突，因为他需要借这样的冲突与你做切割，夯实自己的身份认同，重新定义与你的关系。事实上，一定程度的冲突有益于孩子的成长。有几项研究表明，与家长适当发生过冲突的孩子，比那些从未经历亲子对抗或经历过激烈亲子对抗的孩子适应能力更好。

但不管怎样，家长应该尽力避免一种类型的对抗——权力斗争。即便与你们一家素未谋面，我也可以猜到孩子会是这场斗争的赢家，并将永居不败之地。因为这场斗争对他的影响最大，他是在为自己的独立地位而战，为此他可以破釜沉舟，无所不用其极——尖叫、咒骂，在公众场合让你难堪……

家长应对权力斗争的唯一方法就是远离这种斗争。为了做到这一点，你可以给孩子选择，让他感觉到自己并不是被完全控制。这个选择可能是

"抗拒从严"或"配合从宽"，这相当于是将发球权给他，进而免于陷入亲子间的权力斗争。下表列出的是青少年令家长陷入权力斗争的常用招数以及相应的应对之策。

常见招数及化解措施

下表罗列了孩子惯常使用的把家长卷入权力斗争中的招数，你尤其需要注意"家长感受"和"家长的第一冲动"这两栏，这里所列内容恰是陷阱所在。正是这些你自己都不曾意识到的情感会把你拖入黑洞之中。

招数	孩子会说	家长感受	家长的第一冲动	化解措施
冷漠	"不让我出门没什么大不了！"	◆ 无力。 ◆ 无助。	加重惩罚："那我就多罚你一星期，看你是不是喜欢。"	◆ 告诉孩子约束仍然有效。 ◆ 闭嘴不言。
蔑视	"我要去参加派对，你拦不住我。" "我绝不会去扔垃圾的。你不能强迫我。"	◆ 生气。 ◆ 觉得不被尊重。 ◆ 感到无力。	◆ 加重惩罚。 ◆ 确认自己的权威地位，对他说"你必须听我的，因为我是你爸爸（妈妈），有权利管你！"	◆ 闭嘴不言。 ◆ 再次确认约束规则。 ◆ 提供选择："你可以选择去参加派对，然后接下来一周不许出门，或者选择现在待在家里。" ◆"你可以去遛狗或把它留给我遛，但是如果留给我去遛，你的零花钱就会减少5块钱。"

（续表）

招数	孩子会说	家长感受	家长的第一冲动	化解措施
内疚	"这不公平！你根本就不关心我。""你是不合格的家长！"	内疚——担心做错什么事而因此失去孩子的爱。	◆ 自我防卫。 ◆ 为自己辩解："我是为你好，你不知道我是为了你才这样做的。" ◆ 为赢回孩子的爱而妥协。	表示理解："很抱歉让你感觉到被不公平对待"，但坚持自己的立场，不再多说。
挑衅：气愤	"你是个混蛋！""我受不了你了！""我希望你死。"	◆ 气愤。 ◆ 暴怒。 ◆ 抗拒。	◆ 吼回去。 ◆ 威胁。 ◆ 加重惩罚。	如果孩子并没打破约束，那么就忍住，什么都不说。如果你觉得必须去处理他对你的侮辱，那么就告诉他："你骂我混蛋，我之后再跟你计较。但现在你还是不能去参加派对。"然后晚一点再和他谈话或者惩罚他。

（续表）

招数	孩子会说	家长感受	家长的第一冲动	化解措施
挑衅：悲伤或自我伤害	"你总是批评我，不理解我。" "我现在已经很无助，很焦虑，你还火上浇油。" "我真想自杀。我真希望我现在已经死了。"	◆ 内疚。 ◆ 害怕。 ◆ 担心。	◆ 安慰。 ◆ 妥协。	对孩子的心情表示理解，安慰他说你很愿意与他谈谈他的问题，但现在他必须听从你的要求。如果他真的很不安，立即和他聊聊，但仍然要确保他没有突破约束。 这种情况处理起来要格外小心。如果孩子曾有抑郁症病史或者正在接受心理治疗，而你也真的很担心，那就打电话咨询心理医生。或者你也可以说："我知道你非常难过，但这不是小事。如果你真的想要伤害自己，我们就得带你去医院。"

听取孩子的意见。前面我已经说过，支持孩子自主的最佳方式是提供一个民主、温暖和稳定的环境。虽然家庭不是一个民主国家，不是每个成员都有投票权，但让孩子参与家庭规则的制定，能够给他掌控感，加强他的合作意愿。所以在订立某些规则的时候，向他解释你所依据的原则，尽可能给他机会自己做决定。为此，你需要提前思考哪些方面是你可以让步

或分享权力的。参考心理学家罗斯·格林（Ross W. Greene）在《暴脾气小孩》（*The Explosive Child*）一书中提出的"三篮法"。想象有三个篮子：篮子 A 中放的是所有不可妥协的事情，如安全相关的问题（不戴头盔骑行、在不知对方家长是否在家的情况下前去拜访同学、在你周末外出时单独待在家里）。篮子 B 中放的是可根据情况变通的事情（偶尔改变就寝时间、不必每次都参加家庭聚餐）。篮子 C 中放的是可以由孩子自主决定的事情（吃什么早餐或午餐、穿什么衣服去学校、是否去参加学校的社团活动等）。根据每个家庭的不同价值观，篮子 B 和篮子 C 中放的内容也不尽相同。比如有些家长能接受孩子化妆，有些家长则坚决不允许。

灵活处理，尤其是在执行特定的约束时。 如果孩子大部分时间都能按时回家，只是偶尔回家较晚，可以把这个情况当作特例对待，这样你也会更信任他自己的判断力。不过，如果你感觉他是在不断试探底线，就需要严格对待。

坚定立场。 孩子当然总是想冲破约束，家长的任务就是拉住他。为此，你必须保持镇静。你可以生气，但是不能情绪失控。因为一旦你情绪失控，孩子就会觉得他制服了你。在需要约束他时，要向他说明他破坏了哪些规则，为什么这种行为不可接受，并明确告知他需要承担的后果。然后闭嘴不言，拒绝与他讨价还价，表明你的严肃态度。

安东尼·沃尔夫（Anthoy Wolf）曾经一针见血地指出："你能够奢望的最理想情况也只是部分控制……孩子总是会左一下、右一下地挑衅一下家长的权威，但终究不会揭竿而起推翻家长的统治。"这个观点与我们搭建护栏的意思完全一致。孩子并不是要推倒护栏，他只是时不时想要翻过去。即使他偶尔会不服从管教，但家长仍是掌控局面的一方。

假手于天。自然而然发生的结果才是最理想的惩罚。这类结果会让人真切感受到需要为自己的行为负责，比如你不上班就领不到工资。如果可能，你尽量袖手旁观，让孩子自食其果接受教训。每天催促孩子早起上学，远不如他因无故迟到而在放学后被留在学校更能让他学会早起。下面是一些可以在家里使用的方法。

- ◆ 孩子不愿意从地板上捡起自己的脏衣服丢入脏衣篮：他要么自己洗，要么继续穿脏衣服。

- ◆ 你让孩子去把洗碗机清空，他不愿意做：他不仅要把洗碗机清空，还得把未装进洗碗机的待洗餐具洗掉。

- ◆ 由于早上孩子不能及时出门，致使你每天工作迟到：你按时出门，让他自己去上学。如果他不及时出门，就任由他无故迟到。如此经过一两次的教训，他就会明白应该怎么做。

让孩子自食其果实际上也是在为你划定参与的界限，而界限可以帮助你免遭他的利用。你不能因为他不想把衣服放在脏衣篮，就额外增加家务工作量；不能因为他睡懒觉，你就每天早上上班迟到。妈妈们尤其难以划定界限，因为她们总是觉得自己有责任满足家里每个人的需求。但事实是，界限有助于保持人与人间的健康关系。

与孩子绑定利益。最后，尽可能让孩子参与进来，和他进行利益绑定，让他通过自己的努力与劳动去获得收益。如果他想买一款新的电子游戏、一台新电脑,甚至一辆汽车,让他找份工作或者帮忙做家里的杂活,用自己的劳动去换取。放学后或周末的工作能够教会孩子许多在学校无法学到的东西,比如责任、与人相处之道、高效做事的方法以及掌管金钱的技巧。工作还能给孩子一种独立的感觉。另外,有一份工作经历与担任过学校社团负责人或俱乐部部长的经历一样,都能为他在日后成长之路上增色不少。

第十一章

直升机、割草机、无人机：家长为什么控制孩子

He's Not Lazy:
Empowering Your Son
to Believe in Himself

也许你不认为自己是"直升机家长"或"魔术贴家长"，也许你认为自己是，无论哪种情况，有自觉意识都是好事。自觉让你在帮助孩子时拥有必需的客观和同理心，同时也是阻止你心里的小恶魔去过度干预孩子的唯一法宝。当然，即便你时时自觉，小恶魔仍然会悄悄捣乱。所以当你阅读本章的时候，要保持一个开放的心态，对自己宽容一点。

爱与担忧

家长的控制欲往往源于对孩子的爱和担忧。父母爱孩子，总是想给孩子最好的东西，这是人之常情。作为家长，你不想让孩子错过任何机会，

希望他的潜能可以被彻底挖掘，为此你殚精竭虑，希望他长大后事业有成、生活幸福。此外，某种程度上你的自尊也系于此。自然进化赋予了我们保护后代的本能，许多家长可以毫不犹豫地为孩子的幸福牺牲自己的心理、物质需求。可以说，对养育后代的高度投入是人类的生物学特征。

出于相似的本能，我们还会保护孩子免受潜在的威胁或竞争，这也正是唤起控制欲的另外一个要素——担忧。当然，现在孩子的竞争目标还只是成为巡演足球队的一名队员或者升入一所名校，我们认为在这些方面的竞争优势能够帮助孩子在步入社会后取得成功。因为父母爱孩子，想让他们做到最好，所以许多家长不遗余力地想提升孩子的成绩，努力想把他改造成更好的版本。我的一位同事因为总是听一些家长抱怨"如果他能好好做作业……"或者"如果他能再努力一点……"，为此他发明了"如果孩子"这个词。但其实，是家长自己的问题和挣扎导致他们过度参与孩子的人生，而这些问题才是需要他们格外注意的。

亲子关系是我们生活中最复杂、紧密和重要的关系。你在孩子身上投入的感情要比其他任何感情都更多也更复杂，因为它牵扯到你的所有其他关系：包括你与自己的父母、兄弟姐妹以及配偶的关系。亲子关系能给人带来巨大的喜悦和成就感，同样也能带来巨大的失望和痛苦。过去和将来一个前承，一个后继。许多家长希望借由孩子的将来把自己从过去中解放出来。如果你也有这样的心理，那么你要认识到，你在孩子身上寄托的这种期望——包括你希望他成为什么样的人、将来取得怎样的成就——可能反而会限制孩子的未来。

第二次机会

孩子生来就不完美。他没有降生在完美的家庭，也没有完美的生活，但家长却渴望完美，希望他长大后生活幸福、适应力强、事业成功，希望他能避开你曾经不得已承受的所有痛苦。如果你出身寒门，你会努力奋斗，为孩子提供他成长所需的物质条件，给他创造你未曾拥有过的机会。如果你的成长环境令你压抑不安或者与父母关系紧张，你会努力为孩子创造和谐的家庭氛围。在许多方面，养育孩子是给我们自己重新过一遍人生的机会。你不仅希望孩子能拥有比你更好的生活，甚至在无意识中，你希望他能成为更好的你。你希望孩子成功，不仅是为他，同样也是为你自己，这看似自私却也很难避免。在潜意识中，家长希望通过抚养出自信和成功的孩子，把自己从失败、不安和失望之中拯救出来。不幸的是，有时候这种希望会令你不由自主地给孩子施加过多的压力。

家长的隐秘期待

父亲的舐犊深情——保护孩子使其免受自己的幼年苦难——却不见得有好结果，杰克一家就是很好的例子。杰克在上高中的时候被父母带来见我。他与父母冲突不断，他们认为他缺乏学习动力和主动性。杰克还有一个哥哥，并且多少被哥哥的阴影笼罩。由于缺乏自信，杰克的成绩止步不前。

父母觉得是他懒惰所致，因此给他施加了巨大压力希望他变得优秀。他们非常担心孩子上不了大学。

尽管杰克初中成绩很差，但升入高中后分数却逐年提高。到了高中三年级，他学习已经十分努力并且还坚持在冰激凌店做兼职。尽管如此，他仍然觉得自己无法满足父母的期待。他抱怨爸爸妈妈的批评太多，但在他表现好的时候却懒得表扬他。

杰克一直不明白父母为什么要给他施加这么大压力，为什么他们不能接受原本的自己。在他离家上大学前的暑假，他与父母产生了激烈冲突。杰克质问父亲："为什么你要对我这么严苛？"他曾经零零星星地听说过父亲的过去。他的父亲成长于一个农场，先在社区大学念书，后来转入正规大学，工作后创业。但他也只知道这些。在那场冲突之后的一次家庭咨询上，杰克问起父亲的童年经历。那天晚上，杰克才知道父亲的童年是在修道院中度过的。这也是为什么贝克先生那么在乎孩子的成绩。他迫切希望杰克能拥有一个幸福的童年，他辛勤工作就是为了能给杰克创造更多条件、提供更多机会和资源。贝克先生通过个人奋斗拯救了自己，但令他失望的是杰克却不够上进。在谈到自己的阴暗童年对他与杰克的关系的影响时，贝克先生向儿子承认道："作为家长，我努力逃避自己的过去，我不想让你经历我经历过的那些，我想尽力保护你……我想用教育子女的能力来证明自己可以，但却无形之中给你带来了伤害。"

养育子女与家长的自尊

我们做的任何事，几乎都以某种方式影响着我们的自尊。无论是粉刷墙、制定资金募集计划，还是进行一场交易，创作一本书，事情进展得越顺利，人的自尊感就越强。你所做的事情对你越重要，就越能影响你的自尊。我相信你一定也承认，养育子女是对你最重要的事情之一。不过，作为家长的自豪感，与依赖这种感觉来获得自己作为个体的自尊并不同。心理分析专家指出，有些家长会无意识地通过孩子来帮助自己维持自尊，而不是反过来。这种情况下，家长便无法客观看待孩子，理解不了孩子的需求，他们无法让自己适应孩子、与孩子共情，反而需要让孩子来理解和迁就他们。

记住，这些情感都是无意识、间接地表达出来的。家长永远不会对孩子明说："对不起，我现在不关心你的感受，因为我需要通过你来让我对自己感觉好一点。你能抱抱我吗？或者考出 A 的好成绩让我感觉自己是个不错的家长，然后去向我的朋友们炫耀你的优秀。当然，我其实是要炫耀我自己的优秀。"不过，这的确是他们无意识中的愿望。

这种隐秘的心思细细微微地渗入到每种亲密关系中，仿佛家人和朋友都应该帮你争面子。当你把自己的自尊过分建立于他人的崇拜、关注和喜爱之上时，事情就会变得扭曲。这被称为自恋。亲子关系尤其容易受到父母自恋的伤害，因为孩子是依赖于父母的，也因为亲子关系实在太过亲密。

我们现在拿家用取暖器做个比喻。一旦设定好最佳温度，空气温度过低它会开始工作，过热便停止。现在假设你的自尊也配有这样一个取暖器。当你感受到被怠慢时，比如朋友聚会没有邀请你或者没有得到心仪的工作，这个自尊取暖器就会点燃，让你的痛苦不至于太过强烈。如果这个取暖器坏了，你就会把目光转向外部以重新获取心理平衡。现在，你依赖于自己的家人和朋友或者其他外部因素（如外表），来获得自身的价值感以及被人重视的感觉。由于你现在依赖这些外部因素来维持自尊，所以你就会想办法控制这些因素。所有这些都是无意识发生的，每个人都或多或少会经历一点。控制欲强的家长实际上是通过对外界的延伸——控制孩子——来调节他们自己的自尊。

说得太多或做得太多

说得太多的家长与做得太多的家长有着不同的心理需求。我们先看一看说得太多的家长的不同类型。你会注意到这些类型之间存在重叠。可能每种类型中都有一点你的影子，也可能你只完全属于其中一种。

边线教练型家长。这类家长依懒孩子而活着，过分认可孩子取得的成就，而看不到他们经历的痛苦。他们极为看重孩子的成绩，把孩子的成功看作是证明自己优秀的唯一途径。他们争强好胜，常常希望孩子能够实现自己未竟的梦想，做成自己不曾做到的事。他们站在边线上为孩子卖力地摇旗呐喊，但也给孩子施加了巨大的压力逼迫他们成功。

完美主义型家长。完美主义者或任何有完美主义倾向的人生活都不会容易。要取得非凡的成就就要给自己施加巨大的压力，以满足不切实际的期望。这类家长害怕感到自身的无能，总是指望用下一次的成绩来证明自己。不幸的是，他们对家人也有同样的期待。对进步和完美的极度渴求令人疲惫，也招人怨恨。这种性格还具有一定的遗传性，会由父母传递给孩子。家长给孩子设定的标准过高，或在情感上与孩子疏离，都会使孩子形成完美主义的心理倾向，因为孩子为了赢得家长的关注和认可需要不断加大努力程度。

自以为是型家长。这类家长沉迷于自己的生活而无法理解孩子看待世界的眼光。他们并非疏于关注或袖手旁观，只是他们仅从自己的角度看待问题。比如他们因为自己非常喜欢瑜伽便不停向孩子灌输瑜伽相关的东方智慧，完全不顾孩子是否感兴趣。与边线教练型家长一样，这类家长过度干涉孩子的兴趣选择，他们青睐与自己的兴趣一致或者与自己童年时代参加过的活动相类似的项目。通常，自以为是型家长的父母也是缺乏同理心的家长，使得他们在自己的成长过程中有一种深深的空虚感。

说得太多的家长会间接地给孩子施压，强迫他们按自己的喜好做事。爱丽丝·米勒（Alice Miller）是一位心理分析学家，她出生于波兰，在20世纪60年代和70年代期间于瑞士执业行医。她基于自己多年治疗天才人士心理问题的经验，写了非常有影响力的《天才儿童的悲剧》（*The Drama of the Gifted Child*）一书。米勒博士的病人尽管在各自事业上取得了不俗成就，但生活中却被抑郁和空虚感折磨。她发现，这类病人的父母往往不能把孩子当作"其原本的样子"来爱。米勒认为，这类家长自身缺乏安全感，没有内在的自尊，他们需要去外部寻求肯定，尤其是寻求孩子给予的关注和喜爱。如此一来，他们不仅无法照顾孩子的需求，反而需要孩子顾及他们。他们的孩子也因此没有机会去追随自己的内心所爱和真实想法。孩子的动力全都来自于父母对他们的关注和投入。尽管米勒的病人们不缺乏内在动机，甚至他们称得上是非常成功的人士，可取得的成就依然令他们感觉到空虚，因为这些成就本来取悦的就不是他们自己。

接下来我们再看看做得太多的家长，这样的家长也可分为三种类型。

忧虑型家长。这类家长觉得他们的担忧会以某种方式保护孩子。他们生怕有坏事发生，所以终日小心翼翼。他们想得太多，满心满脑都是孩子的日常生活。他们的座右铭是："孩子的幸福下限是家长的幸福上限。"如果不能分担孩子的痛苦，他们就会觉得自己是在抛弃孩子。这些家长总是迫不及待地去给孩子提供援助，有时候甚至必须努力克制才能按捺住自己打扰孩子的冲动。由于他们始终处于焦虑状态，所以他们的孩子为了不至于生活在恐惧中，就必须学会对父母的焦虑免疫。

过度代入型家长。这类家长把孩子的问题当成是自己的困难，模糊了二者的界线。孩子的痛苦可能令他们有意识或无意识地联想到自己的童年阴影。他们竭力保护孩子免受痛苦。但这些痛苦实际上是他们自己的，他们总是认为孩子也遭遇了自己小时候遭遇的麻烦，尽管孩子的问题可能压根与他们的完全不同。

救世主型家长。这类家长仿佛全天24小时在线，全年无休。他们如果不随时待命，就会觉得自己在抛弃孩子。他们无法容忍看到孩子经受痛苦。拯救孩子能够满足他们自己，因为这会让他们感觉自己被需要，和孩子的关系得到加强。他们喜欢伺候孩子，喜欢跟在孩子屁股后面打扫卫生，并为他们扫清一切能扫除的障碍。这类家长尤其擅长照顾孩子，但却过分在乎自己的劳动成果。救世主型家长很难放手，尤其是当孩子进入青春期，开始寻求独立时仍然不肯放松。一旦孩子学习不顺利，他们就会把对孩子的拯救与控制推向高峰。

做得太多的家长以照顾别人为自己的人生追求。他们需要被需要，这会给他们存在感。他们预估并满足孩子的每个需求。他们不会觉得像下文所述那样照顾孩子是件很可怕的事情。

如果我让孩子饭来张口、衣来伸手，把他伺候地万无一失，他将来自己就什么都不会做，接下来凡事都会依赖我，直到结婚。天呀，希望这事不要发生……

他们只是习惯性地替孩子打理一切。被需要的感觉是孩子给父母的特殊奖励。养育孩子是一项艰巨的任务，所以这种奖励确实非常重要。我儿子的幼儿园老师曾提醒我们不要替孩子背书包。我记得我当时想："这有什么不好的，我喜欢替他背。"其实，当家长过分需要被需要的感觉时——并且将此视为自己实现自我价值的主要途径——那么他们的孩子在成长过程中就会被无力感和窒息感包围。

在第九章中，我曾引用芬威夫人的例子。这位母亲每天晚上都会把15

岁的儿子第二天穿的衣服拿出来准备好，可谓名副其实的忧虑型和救世主型家长。她这么做有她的原因：她的儿子贾斯伯患有注意缺陷多动障碍，尽管非常聪明，却从小就在学习方面受尽挫折。为了让贾斯伯将更多精力专注于学业，她接管了儿子其他所有事情，因为他自己是无法独立完成的。尽管贾斯伯在她这样的帮助下念完了小学，但到了青春期却变得非常叛逆。因为对于贾斯伯来说，只有用叛逆的方式才能让他觉得自己是自己。但是，一方面他渴望自己独立做主；另一方面，他却很难与他过度依赖的母亲分离。在这种矛盾的心理作用下，他会毫不客气地向他妈妈发号施令："给我拿杯橘汁！""妈妈给我做个三明治！"。尽管接受妈妈的照顾有损他刚萌发的男子气概，但他也很习惯妈妈把他当作国王一样伺候着。

芬威夫人过分承担了儿子所应承担的事情，这也是上一章所讨论的边界不清的例子。她自己的需求令她无法适应儿子追求独立的愿望，最终造成贾斯伯无法为自己的人生担起责任、为自己做主。

遗传

虽然不存在自恋基因，但自恋的情结却可以由父母传递给孩子。上一辈父母的空虚感和无价值感令他们无法照顾你的需求，最终也给你的自尊留下了相同的缺口。思考下面几个问题，有助于你理清思绪，清晰认识自己。

1. 你是否总是不敢向你的父母坦露内心的真实感受，因为害怕冒犯他们或者被批评？

2. 你是否觉得让父母满意比让自己满意更重要？

3. 当你忤逆父母的心意或者不采纳他们的建议时，哪怕是为了听从你自己内心的声音，你还是会觉得背叛了他们？

4. 你是否觉得父母不理解真实的你？

5. 你是否觉得一直停不下来？你是否是一个永远对当前的成绩不满意的完美主义者？

6. 你是否对自己过分严苛？

7. 你的父亲或母亲是否对批评过分敏感？你自己呢？

对于这些问题，如果你的答案多为肯定，那么你或许需要重新审视自己的童年。

以退为进

把自尊的建立寄托在孩子身上的家长会很难放手，他们会对孩子的成长怀有复杂的矛盾心理。为人父母的荒悖之处在于必须以退为进。如果我们养育得当，孩子终会长大离开。教养孩子的快乐包含了许多苦乐参半的离别：幼儿园入学第一天的离别以及去上大学时的离别。更别说这其中无数次的"再见"。对于有些家长来说，离别过程分外艰难，他们会因离别产生强烈的悲伤和焦虑。有些人直到成年很久都还很难离开自己的父母。我的一位成年咨询者与他的母亲起了冲突，冲突的缘由是他母亲对外祖父的无限依赖，已至于执意要搬回已故外祖父的家。与查尔斯·狄更斯（Charles Dickens）《远大前程》（*Great Expectations*）中的哈维沙姆一样，这间房子如今和15年前他外祖父去世时一模一样。外祖父的梳子仍然摆在卫生间洗脸台上，上面甚至还缠着他的头发！我的另一位咨询者在接我电话的时候，也无意间揭示了她对母亲的依赖："等下，我先把我妈的电话挂了"。不难得知，这个女人的后期治疗主要围绕在如何学会做一个独立自主的成人上。

过度干涉孩子生活的家长往往成长于边界感不明或边界感没有确立好的家庭之中。这些家庭的成员会彼此插手他人事务，不尊重个人隐私，挤压私人空间。这类家庭与边界感明确的家庭相比会有更深的矛盾冲突。在这种家庭中，与其他成员做分割需要付出巨大的代价，因为自主决策会被视为不忠。人类渴望从照料者那里获取无条件的爱和包容，没有得到的人会更难以成长和进步。因为即便长大成人，他们仍然在寻找怎样才能获得这样的爱，仍在努力让忧郁的父母快乐或者让挑剔的父母满意。这种心理甚至会持续至其父母离世后多年。

越是难以与自己的父母分离的家长，他们就越有可能过度干预自己孩子的人生。

过度教养产生过度压力

作为家长，我们有时候很难将自己的需求与孩子的需求区别开。你在孩子的社交、学业和课外活动上的投入越多，就越想控制结果，而孩子只会感觉到一种大而无当的压力。这种压力会干扰他做一件事情的内在动机，阻碍他从中享受到快乐。让孩子为成功做准备是一码事儿，靠孩子的成功为自己争面子则是另外一码事。

如果你过多地把自我价值建立在家长的身份上，孩子也会感觉得到。他承担着你的快乐，而你也许意识不到这带给他的压力有多大。当他被一个朋友疏远时，你感觉特别痛苦；当他没有被选入重点班时你失魂落魄。在你的内心深处埋藏着这样的想法（你自己甚至都没有意识到）："孩子的失败反映了我的什么问题呢？"或者"与其他家长坐在一起时，知道我的孩子已经赢在起跑线上，这种感觉真是太棒了。"

为孩子取得的成绩骄傲与用孩子的优秀来取悦自己是两码事儿。前一种情感的落脚点是孩子，后一种则是你自己。

下面的练习可以帮助你评估自己看待孩子成功的方式。我的一名咨询者曾说当她选择了不同于父亲母校的大学时，他的父亲一度崩溃。而她选择的可是哈佛大学！这个故事启发我设计了下面的问题。

◆ 假设你的儿子刚刚被哈佛大学（或者其他你心目中的一流学府）录取，你把这条好消息告诉别人，并把学校的标志贴在自家汽车上。你可能会说："我很为他高兴，他那么努力。"另外，想想别人会怎么看待作为家长的你和作为你自己的你。如果别的家长告诉你他的孩子被哈佛大学录取了，你会怎么看待他？

◆ 假设你儿子刚刚被艾德菲大学录取，这是位于长岛上的一所小规模的学府，学校的老师们都非常负责。对有些学生来说，这是一所理想学府，不过该校并没有哈佛大学那样的盛誉。你再次想一下，人们会怎么看待作为家长的你和作为个人的你？如果别的家长告诉你他的孩子被艾德菲大学录取了，你会怎么看待他？

◆ 现在问问你自己，孩子表现不好对你意味着什么？如果他的作业满是错误会怎样？如果他错过一些体验或机会，你能接受吗？你会在孩子旁边指手画脚吗？（或许你不会，但许多家长担心失败既会挫伤孩子的自尊，还会毁掉他一展宏图的机会。这种认识是荒谬的。人生在世，难免犯错。自信并非来自一直立于不败之地，而是相信自己可以从挫折中走出来。）

接纳

如果孩子不是你想让他成为、觉得他应该成为或相信他可以成为的那种人，那么你会很难接纳原本的他。由于你对孩子期待太高，在他身上付出太多，你会很难接受他不是你想让他成为、甚至需要他成为的人。眼前的他不是你想要的样子，你想要他做最出色的学生、最优秀的运动员、最值得交的朋友。实际上，正由于接纳孩子原本的样子如此困难，所以我们推着他走、拽着他跑，结果却让事情变得更糟。我们身为家长的忧虑促使我们剥夺了孩子最需要的一样东西：自主。有时候我们主动介入，有时候被孩子的问题卷入。无论哪种情况，家长都会一厢情愿地指望孩子成为他本不是的那种人——或许也不完全不是，但是总有不同。

由于你为孩子付出很多，并为他的未来过分担忧，所以你很难接纳孩子原本的样子。为孩子的成绩骄傲无可厚非，但你不应将你的自尊来源建立在他的学业成就上。你可以享受他的成功，但不应把他的成功当作你的人生目标。你可以担心和敦促孩子，但不能去控制他。那么，如何把握合适的尺度呢？尤其是当你的孩子已经开始放弃努力的时候。其中一个方法就是确保以尊重孩子的自主权作为目标。另外一个方法是认清你自己的需求。你要评估自己在多大程度上需要依靠别人来体现自我价值，还要思考你自己的父母曾多大程度上依赖你来取悦他们。然后扪心自问，你为孩子的付出，有多少是为了你自己，多少是为了孩子。

支持孩子而不控制他，让他为自己的行为负责，不剥夺他的自主权，这些是可实现的。现在的他也许还没做好全力以赴的准备，但这并不意味着他将永远如此。诗人卡里·纪伯伦（Kahlil Gibran）在《先知》（*The Prophet*）中写道：

你的孩子并非是你的孩子，

他们是生活对自身渴望的儿女。

他们经你而来，却不是来自于你，

他们与你共在，却不属于你。

你可以给他们爱，但不能给他们思想，

因为他们自有主意。

你可以庇护他们的肉身，但无法庇护他们的灵魂，

因为他们的灵魂居住在一所叫作明日的殿宇。

你无法拜访，即便在梦里。

你可以努力成为他们，但不能让他们成为你，

因为人生不倒放，昨日无须留。

——《谈孩子》 纪伯伦，1923。

第 十 二 章

我认为我行

He's Not Lazy:
Empowering Your Son
to Believe in Himself

如果你的儿子能够轻松胜任学习，他会每天早上迫不及待地跳下床开始新的一天。但现实是他只在周末或者7月到8月间的暑假才会欢喜地早起，上学日里想都别想。如果学习只是与智力相关，孩子还可能会更喜欢一点。可惜不是。学习需要大量的意志力，需要认真对待看似无用的课程，放学后还要花数小时完成无聊的作业，需要牢记大量知识和公式，还要写小论文。如果孩子在这些方面也认为自己可以胜任，那么他大概会更有学习动力。

能力的提升需要人付出大量的劳动，还要有一颗愿意接受失败的心：能接受滑雪时从山坡滑落，做烘焙时烤焦蛋糕，写出拙劣的打油诗，或在棒球赛中三振出局。要学有所成，人必须容忍自己的无知、无能甚至愚蠢。能力出众的人往往对不确定性有着很高的容忍度。不努力的孩子会在学习的过程中丧失许多宝贵的机会，因此他需要提高对自己无能的容忍力。

你可能已经有很长时间没有经历学习新东西时的挫折和磕绊了。与孩子相比，成年人学习全新事物的机会极其稀少。所以，在开始后面的论述之前，你可以先试着完成下述练习，来重温一下无能的感觉。

- 回想一件你擅长的事情，比如一个体育项目、一门学业课程、一种乐器演奏，或者烹饪等。然后回忆你最开始学这种东西时的情形：是什么让你坚持了下去？后来你是否做到了熟练掌握？一路下来是否遇到过挫折？你是怎么克服这些挫折的？

- 现在回想一件你一直不擅长的事情：你是还未尝试就放弃了，还是坚持学习直至自己更擅长一点？想象你在别人的注视下做这件事，那是什么感觉？

- 想想最近有什么事情把你带出了舒适区？比如学习打网球、执行一项需要运用到新技能的工作任务，或者零经验主持一场大型活动。你在开始时感觉如何？遇到了什么困难？你是如何应对这个新挑战的？

能力建设

明白了孩子所面临的状况，现在需要做的是帮助孩子回到正轨，增加他对不确定性的忍耐力，提升他的能力。关于这个话题，有一本非常优秀的图书叫做《小火车做到了》(*The Little Engine That Could*)，你可能已经读过。这个故事讲述了一辆小火车需要把满载货物的车厢拉到山的另一边，她出发时觉得自己肯定做不到，但后来她做到了。作者并没有明确解释小火车的心理变化，但这个故事中也没有一个火车妈妈或火车爸爸告诫她：“如果你不跨越那座大山，你这周就要被禁足。”

驱动小火车的秘密燃料在心理学中被称之为自我效能。几十年来，心理学家一直在研究自我效能与成功间的关系。通俗地讲，自我效能是指个人对自己完成某方面工作能力的自信心。一个人相信自己可以做得更好，他就会做得更好，就是这么简单。自我效能就像是一台涡轮增压机，形势不好时自动开始工作。拥有自我效能的人更善于克服困难、容忍失望，因为他们将失败归结于自己可掌控的因素。他们能够忍受无能感，知道努力、练习和学习新技能可以带来成功。缺乏自我效能的人在遇到挫折时容易陷入负面情绪，产生自我怀疑。从某种意义上说，拥有自我效能的人并不是善于奋斗，而是长于应对失败。

研究自我效能的权威专家卡洛·杜威克（Carol Dweck）把自我效能看作一种思维模式。拥有成长型思维的人认为他们越努力越聪明。他们把困难当作是令自己变得更聪明、更高效、更优秀的机会，因为他们可以控制自己的努力程度。而大多数放弃努力的孩子思维模式却是固定型的，他们认为人一生下来就携带那么多才智，努力不会带来改变。如果什么事情需要尝试去做就意味着很可能会失败。他们相信能力天定。杜威克和同事发现，小学成绩大致相当的学生一旦进入初中，拥有成长型思维的学生要比固定型思维的学生表现更好。后者的成绩从六年级后开始下降，并且在初中阶段持续走低。相比之下，拥有成长型思维的孩子能够稳步提升他们的平均成绩。于是杜威克这样总结道：

"面临可能的失败，拥有成长型思维的孩子会想尽一切办法投入学习。他们告诉我，他们有时也会觉得被压得喘不过气，但他们会迎头赶上，做自己应该做的事情。而固定型思维的孩子，却把这种失败的可能视作危险，他们担心自己的缺点就要被暴露，自己将从成功者沦为失败者。而失败者永远都会是失败者。这也正是为什么许多青春期的孩子会想尽一切办法，不是投入学习，而是保护内心的自我。而他们最常用的一个方法就是放弃努力。"

"下限先生"之所以得过且过，是因为他把挫败当成是自己无能的证据。他头顶上有一个只有他自己看得见的天花板，这个天花板定义了他的能力上限。他不敢迎接挑战，唯恐撞到天花板，在全世界面前暴露自己的缺点。但他不明白天花板的位置并非一成不变的。如果你不停敲打这个天花板，天花板就会上移。

我的一位咨询者曾对我说："我宁愿直接输掉一场注定无望的比赛，也不想努力去赢。因为如果我拼尽全力而最后又输了，我所有的努力也就白费了，而且会让所有人知道我没有别人聪明。"不幸的是，如此一来，这个年轻人的恐惧反倒变成了现实：没有人知道他究竟有多聪明，大家认为他就是个笨人。虽然他没有浪费努力，但却浪费了让自己变得更聪明的机会。

有些人自认为的能力短板有时根本站不住脚。我有一位咨询者就是一个颇具戏剧性的例子。杰瑞米20来岁，总觉得自己的数学很差，但他其实是我所见过的最聪明的人之一，本科和硕士均毕业于常青藤大学，在此期间还曾在哈佛大学学习。不过杰瑞米却被他自己臆想的数学能力缺陷所困扰。他努力逃避任何包含定量思维的事情，就是担心自己的数学劣势会被暴露出来。杰瑞米只对我这个心理医生说出了他认为自己数学不好的证据：他的美国高考（SAT）成绩，阅读部分是满分800分，数学部分750分。750分的高分却被他认为是成绩差的证据！你看，即使聪明如杰瑞米，也需要通过改变思维模式来获得自我效能。

为了帮助孩子获得自我效能，你可以问他下面这些问题。这些都是由杜威克博士专门设计的。

1. 你是否认为智力水平反映了你的基本能力，并且不会发生大的变化？

2. 你是否觉得你可以学习新事物，但无法改变自己的智力水平？

3. 你是否认为无论你现在智力水平如何，都能在目前的基础上有所改变？

你也可以问问孩子对自己其他方面能力的评价，比如音乐能力、运动能力以及艺术能力。然后向他解释固定型思维和成长型思维的区别。

最后，要让孩子明白，人在学习新东西时，大脑会随之发生变化。换句话说，大脑是具有可塑性的。

的哥思维

我的朋友迈克想放弃伦敦投资银行家的工作另谋生计，结果发现人类大脑的可塑性随着年龄的增加而变差（这是关于大脑可塑性的一堂课）。作为一个从来不走寻常路的人，迈克想转行做的哥。在伦敦开出租车和在曼哈顿完全不同。尽管麦克已经能够在路左侧驾驶，但为了得到伦敦出租车司机的执照，他必须牢记这个城市25000条主干道和支道，他还必须掌握2000多个地标的位置，例如图书馆、医院、电影院等。我们一起穿越伦敦的时候，迈克指给我看另一个与他有着相同目标的司机，也正在同一街区绕着圈子，努力要把自己变成人肉版GPS。

事实证明，迈入中年的迈克已经应付不了这项艰巨的任务。而且他并不孤单——在伦敦，的哥的执业考试有一半的人都告失败，另一半人此前也平均考过12次。

英国伦敦大学学院的两位神经心理学家莉诺·马圭尔（Eleanor Maguire）和凯瑟琳·伍利特（Katherine Woolett）决定使用这个选择情境（获取在伦敦开出租车所必需的地图知识）作为研究范式。他们想看看地图知识的习得是否会给司机的大脑带来结构性的变化。换句话说，通过执业考试的出租车司机是否会比未通过考试时变得更加聪明。一群大脑条件接近的被测试者参加培训，培训内容与迈克接受的相同，然后被分成两组：一组是成功获得了开出租车所需要知识的司机，一组是没能获得开出租车所需知识的司机。通过扫描成功者前后的大脑变化，可以说明这些知识的习得是否引起了大脑海马体的结构性变化（海马体是储存记忆的仓库）。为了稳妥考虑，马圭尔和伍利特增加了一组由普通伦敦人构成的对照组。也许正如你猜到的那样，那些如今驾着黑色计程车穿行在伦敦大街小巷的出租车司机，在他们大脑的海马体中有一个区域的灰质比那些没有通过执业考试的人多。这个研究证明，人的智力并不是从一出生就固定不变的。凭借大量的练习和努力，我们确实可以变得更加聪明。

把"做不到"的小男孩变成"能做到"的大男孩

帮助孩子完成从固定型思维到成长型思维的转变，便成功了一半。接下来要做的是扫除不利于能力发展的障碍。

障碍 1 ：过分强调结果。对结果的强调会使孩子的注意力聚集在他无法控制的因素上，所以家长应该更关注过程。孩子在过程中如果表现得不错要给予表扬，表现得不好要疏导他的失望情绪。他的成绩应该是他努力的结果，不应记为智力的功劳。记住，追求成功不应靠天分，应该靠毅力。毅力是天分的替身。如果你关注过程，孩子就不会觉得你的爱是有条件的。

一位母亲前来咨询如何帮助她10岁的儿子树立自信心，她说她总是告诉孩子他非常聪明。当我提醒她这种鼓励方式并无益处时，孩子很快插嘴道："是的，这么说让我觉得我必须聪明，否则就会让妈妈和爸爸失望。"

我们前面已经说过，过于强调孩子的智力或天分会让他觉得天赋比努力更重要，并且会让他觉得自己必须优秀到一定程度才能赢得父母的认可。当然，偶尔赞美孩子聪明、英俊或者出色无伤大雅，但对孩子成就的过分认可以及对他失败表现出的过分失望，都会让他觉得你对他的爱取决于他的表现。如果孩子觉得自己在某个方面的表现决定着父母对自己的爱，那么他就会有被迫参与的感觉，并开始憎恨这种隐秘的压力以及施加压力给他的父母。

障碍2：害怕失败。考虑到当今社会的高风险和激烈竞争，许多家长都担心，如果孩子在某些方面失利，他们就会处处落于人后。这种认识不仅大错特错，还十分危险。这让我想起一名记者和一名成功的企业首席执行官的对话。

"先生，您成功的秘诀是什么？"记者问。

"四个字。"

"哪四个字？"

"决策正确。"

"怎样才能做到决策正确？"

"两个字。"

"哪两个字？"

"经验。"

"那么经验从何而来？"

"四个字。"

"哪四个字？"

"决策失误。"

过去人们避之不及的失败如今却备受推崇。每天都有新发表的文章赞扬创业失败的企业家，对他们的冒险精神和创新精神大加赞赏。这些文章喜欢传递这样的观点：如果史蒂夫·乔布斯（Steve Jobs）和比尔·盖茨没有从大学辍学，我们可能现在仍然在使用打字机和磁带播放机，更别提马克·扎克伯格（Mark Zuckerberg）和大卫·卡普（David Karp）了。孩子需要更多失败，但不是那种严重到一败涂地的失败，而是那种可以从中恢复的失败。让他在你的眼皮子底下明白这一点，总比两三年后在大学里领悟这个道理要好。

障碍3：害怕犯错。在家里把犯错当成一种人生常态，尽量用幽默和热情的态度向家人分享你做过的错事，重点介绍你从中所学到的教训。告诉孩子，电脑键盘上的删除键以及铅笔头上的橡皮擦就是为了纠正错误而配备的。下面是我自己犯过的一些错。

◆ 把笔记本电脑落在出租车上。

吸取的教训：不要在下出租车的时候打电话。

◆ 丢钱包（在门廊旁边的可回收垃圾桶里找到）和支票簿（在杂
物箱里找到）。

吸取的教训：把东西放在容易找到的地方，而不是容易存放的
地方。

◆ 为妻子购买音乐会门票作为生日礼物，却错把纽约麦迪逊广场
花园的票买成了波士顿花园球场的票。

吸取的教训：有些错误必须弥补，无论付出多高的代价。我在
网上重新买了正确的票，把已经买错的票送给了波士顿的朋友。

你也可以跳出自己的舒适区，去愉快接纳错误。尝试一些新鲜事物，
让孩子看到你笨拙的样子，甚至让他笑话你。比如，你可以和孩子对战他
最喜欢的电子游戏，或者全家人一起尝试新事物，一起出错。我的家人热
爱小型高尔夫球运动，但我的轻击动作非常差劲。所以，当我的孩子很小
便能轻而易举赢我的时候，我会同他一起哼唱："我是一个臭臭的高尔夫
球手"。

障碍 4：过度照顾。能力须是自己挣到手的。过度照顾和帮助不仅会
给孩子传达"我认为你不行"的信息，还会给他们提供许多说"我不想"的
机会。有位母亲在向我咨询如何纠正孩子经常把作业落在学校的坏习惯时，
我们有了下面这段对话。

妈妈：你今年必须使用计划表记下每一项作业，在放学之前检查一遍，
确保带上所有该带的东西。我不想赶在 3 点半学校要锁门的时候和你冲回学

校去拿东西。去年这样的事情发生过太多次。你觉得能做到吗？

儿子：做不到。

我建议这位母亲下次不要再开车带他回学校取东西。对此，这位母亲大为惊讶，她问道："难道就让他第二天早上不带作业去上学，被老师记个不合格吗？"

"对！"我说，"这是唯一能够让他学会使用计划表的办法。"

障碍 5：你的焦虑。 孩子会把你的焦虑理解成对他能力的怀疑。想想下面的话传达出的意思。

"不把分数提上来，你就上不了好大学。"——我认为你上不了好大学。

"进入大学没有我监督以后，你马上就会挂科。"——我认为你没有能力应对大学课程。

"不好好准备化学考试，又怎么能及格呢！"——我认为你没有能力通过化学考试。

障碍 6：孩子的焦虑。 放弃努力的学生心里想的是："慢点走、慢点走，工作放着，我们溜。"孩子放弃努力，其实内心深处是因为害怕——害怕失败、害怕暴露缺点，更害怕未来。他通过逃避来解压。在今天这个数字世界，有无穷无尽的东西令人分神：电子游戏、视频网站、社交网站，等等。一位青少年曾告诉我，他用处理闹钟的方式来处理焦虑：一旦被吵醒，立即按下止闹按钮，把要做的事情往后推。他还非常有见地地补充："这种方法有效果，也是我唯一知道的方法"。另一位咨询者说："每次需要写作业的时候，我就会告诉自己：'让未来的我来操心这件事吧，相信他。'但到了交作业的前一晚，我又会叫苦连天：'过去的我真是个坑人的蠢货。'"

焦虑就像身后的恶霸，逃避只会让他洗劫你更多的财物。打败他的秘诀就是直面你所逃避的问题，哪怕一点点尝试着去面对也可以，即便你会觉得焦虑。这么做能锻炼你的"焦虑容忍肌"，直到这块肌肉强壮到可以击败它。

帮助孩子锻炼"焦虑容忍肌"的一个方法就是做想法日志，让他记录做作业过程中引发焦虑的所有事情。你可以参考下表中的例子，第七章中提到过的那个喜爱造船的孩子，他在我的办公室做作业时就曾填写过该表。

下表中的数字代表的是感受的强度。用1到100表示，1表示强度最低，100表示强度最高。

焦虑日志

时间	活动	心情	感受	想法
4:14	阅读	焦虑	50	我必须写好这篇小论文，我已经过了交作业的期限了。
4:16	阅读	焦虑	50	2周前我开始阅读这章，现在都已经记不得当初读了什么。
4:19	阅读	焦虑	50	我根本无法搜集到充分的关于古希腊文明的知识。
4:22	阅读	焦虑	75	我完不成这项作业，这篇论文我写不下去。

（续表）

时间	活动	心情	感受	想法
4:23	阅读	焦虑	75	我能完成吗？
4:25	阅读	焦虑	59	我读得太慢。
4:25	阅读	焦虑	75	我忘了遛狗。
4:30	列大纲	沮丧	75	我想做一些有意思的事。
4:32	列大纲	焦虑	75	我能凑够字数吗？
4:38	听音乐	难过	50	我在逃避我的作业，我实在应付不了。
4:58	听音乐	生气	75	我毫无进展，白白浪费了20分钟。
5:05	分神	生气	75	我生爸爸的气，他竟然要求我今天就完成。
5:06	分神	难过	50	我实在没有写作天分。
5:07	写作	沮丧	75	我讨厌写作。

　　焦虑日志的神奇之处在于，虽然填写比较耗时，比如扎克就花了1个小时，但填好之后头脑会变得清晰，可以全心投入到学习中。在附录F和附录G中有空白的焦虑日志和想法日志可供使用。

　　焦虑状态就像是透过特殊的眼镜看世界，这副眼镜会让周围的一切看起来比实际上吓人。

　　焦虑的人看待世界的眼光是扭曲的，他们总是怀有过度的恐惧。其实，有些扭曲的想法有明显的破绽，稍稍动用理智、逻辑就能轻松化解。如果孩子很焦虑，你可以指出他的思维谬误，但确保使用一种抚慰式的语气，而不是纠正的口吻。前面我们介绍了最常见的思维扭曲形式——灾难性假想，除此之外还有两种。

- **非黑即白**。事物从来不是纯黑或纯白的，但非黑即白思维的荒谬就正在于此。

- **以偏概全**。以偏概全的人看到一个坏苹果就认为一整箱苹果都坏了，没有卖掉最后一件东西就觉得自己要失业，孩子数学不好就认为他在所有理科学习方面也会步履维艰。

改变这种扭曲思维的办法就是实事求是、客观地评估现实情况：晚餐的西蓝花确实炒糊了，但鸡肉却很美味；孩子虽然错过了一个必进之球，但依然有三次命中。记住，焦虑可能会令你不舒服，但绝不会致命。

第 十 三 章

与他人的联结感

He's Not Lazy:
Empowering Your Son
to Believe in Himself

通过阅读本书，希望你能更乐观地看待孩子未来的学业，不在某一阶段过分追求让孩子发挥最大潜能。实际上，把开发全部潜能的要求强加给尚处在某个发展阶段的孩子是非常荒谬的。如果你已经开始了这项工程，那么除了孩子让人不满意的学业外，你还会遇到很多其他问题。你会觉得正在失去他。那种只有在家长和孩子之间才能体验到的奇妙亲密感，被青春期的动荡吞没，被学习成绩的压力粉碎。孩子不仅会拒绝你的善意和你寄予在他身上的梦想和希望，还会贬低你所珍视的一些价值。而这些价值观可能是一直以来指导你开展育儿工作和维持家庭和谐的基本准则。如果他就是不想要你努力提供给他的，或者你觉得是每个孩子都需要的东西呢？

　　我可以向你保证这些担心毫无必要，但我不能保证你的行为没有对你们的关系造成伤害。与他人的联结感是自驱力形成的第三个要素（另外两个要素是掌控感和能力感），而矛盾反应是其最大障碍。你不修补好与孩子的关系就无法解决问题。幸运的是，你现在应该已经能够认识到孩子的思维发展进程，尊重他正在形成的新观念，承认他的分离需求，理解他关于成长的矛盾心理，终结权力斗争，开始有效沟通，并设定明确的约束规则和界限。你应该也已经开始鼓励他独立，支持他自主。所有这一切的目标都是为了让孩子获得能力的提升。最重要的是，你现在已经能够客观地看待孩子放弃努力的问题，理解他的挣扎，知道他只是因为下列这些原因不愿努力，而不是因为懒惰。

- 目前处于既不愿意家长为他打理好一切，又不能自己解决全部问题的矛盾状态。

- 大脑、身体和精神都还在成长中。

- 成长发展之路崎岖不平。

- 不确定自己是谁以及将成为谁。

- 捍卫自己的男子气概。

- 从男孩向男人过渡。

- 犹豫着是否要更加努力和实现独立。

- 害怕失败。

- 担心自己不够聪明。

◆ 终日惶恐，担心别人会发现自己不够聪明。

◆ 无法容忍挫败或焦虑。

◆ 否认事实上对家长的依赖。

◆ 把家长卷入到权力斗争中以掩盖这些恐惧。

◆ 同家长一样为他的未来担忧，尽管表现方式与家长截然不同。

现在，你需要改变你的认知范式，这也是最重要的范式转移：要让孩子投入，你必须退出。不要说太多、做太多引发矛盾反应，不要急于拯救孩子，不要比他还关心他的学习成绩。换句话说，你必须重新定位你作为家长的位置。你要做的不是不惜一切代价帮助他成功，而是要为他开辟一条自我认知和成长的道路，让他自己去发现。

先改造你自己

要改造孩子，关键是先改造你自己，所以最后一个范式转移是重新定义你的家长角色。这听起来是不是觉得很难？是的，这的确不易，但是我已经给你指出一条完成这个范式转移的路。你必须把这些付诸实践。

承受无力感

身为家长的你有时难免会觉得无力。孩子并不总是会回应你的好意，你认真阅读本书也不能保证他会接受我提出的建议。为人父母许多时候需要摸着石头过河。你会经常责备自己或者怀疑自己是否做错事、说错话。有时候你的话立竿见影,孩子听了会镇静下来或者听进心里,但更多时候需要几天、几周或者几年才能知道你的教导是否起了作用。我最喜欢安东尼·沃尔夫的育儿名言这样说:

"你要有信心——不是相信自己总是能做对决策或者始终掌控得住孩子,任何人都做不到这个地步,甚至可以说都差得很远。但是你要相信你是最适合教育孩子的人,相信你的努力不会白费。"

如果说为人父母后我学到了什么,那就是不迷信自己的教导始终正确或者要求孩子做对每一个选择。我学会了信任自己与孩子的关系,相信我们可以一起摸索、犯错、道歉,彼此深入理解,收获一种更丰富的生活和更亲密的亲子关系。

用成长型思维看待孩子

孩子并不是生下来就有一套固定不变的优缺点,相反,他会变得更聪明、更快和更好。所以你必须眼光放长远,不用每天观察他的进步,而是应该选择一个更长的时间尺度。孩子的成长过程就是试错,让他不断试探自己的极限,直到他发现这些极限并非一成不变。

延迟满足

几年前，詹妮弗·西尼尔（Jennifer Senior）凭借她荣登《纽约》（*New York*）杂志封面的《总快乐和没意思》（*All Joy and No Fun*）一书收获了大量关注。在这本书中，她认为没有孩子的人往往要比那些每天忙于换尿布、送孩子上学的同龄人更幸福。没有孩子的年轻人可以花更多的时间和金钱探索自己的兴趣。而养育孩子需要巨大的勇气和辛勤的付出，所以必须得有甜头。不过，这世界上又有什么比一个黏人的小宝贝搂着你、亲吻你更美妙呢！然而，等孩子到了青春期，你可能会觉得这些都已经成为理所当然的了，但看着孩子能逐渐变得独立和成熟，那种幸福也是无与伦比的。

家长为孩子的成绩自豪是再正常不过的事情，这也是对那么多无眠夜晚的补偿。当孩子成功进入校运动队，成为表演队伍的领头或者在全家福中穿着你给他买的衣服看起来英气逼人时，你可以觉得自豪、光荣。但当你把作为家长或个人的自尊过多地建立在孩子的成就上时，就有问题了，因为你侵犯了孩子的心理边界。这时候你需要延迟满足，从孩子整个发展过程的成熟、进步中获得满足，而不是把他当下的成功当成是被你爱的条件。为此，你必须把对孩子的爱和对他学习成绩的关心区别开。

重视过程而非结果

孩子的成长是一个过程，这个过程中当然存在一个个发展里程碑，但它们应该被当作路标而不是目标。如果你关注的是他的成长过程，那么你的爱在他眼里就是无条件的。更为重要的是，这个过程蕴含了所有重要的道理。如果你想让孩子遵从你设定的作息时间，那么你就应该解释你坚持的原则，听取他的意见，并在必要时做出一些让步。如果他没有按时回家，你要先问明原因后再惩罚，看看他下次是否遵守。记住：欲速则不达。这也同样适用于他的学习。孩子的成绩不会一夜之间提高，注重孩子的学习过程能够帮助孩子培养自觉意识、走向成熟，掌握解决问题的能力。所有这一切都将令他终生受益。

容忍不确定性

要让孩子处理好他的矛盾心理、焦虑和怀疑，首先家长要学会接纳自己对他的焦虑和对他的怀疑，不然的话你会忍不住去干涉他。你要允许他失败，留给他焦虑的空间。如果所有的忧虑被你一个人承担，那他就没有什么可操心的了。

第三要素

我在第一章中提到，帮助孩子需要两个基本要素，一是共情能力，二是客观态度。此外还有第三个要素——体谅，也就是对他人痛苦的关切。人与人之间的交往离不开体谅。

你要体谅孩子的痛苦，也要体谅你自己的痛苦。对于多数家长来说，自我体谅是最难做到的。你首先要对自己作为家长的成长过程有耐心，容忍自己犯的错误以及感受到的不确定性。记住：不羞辱，不责怪。孩子厌学不是你的错误，也不是你一个人就能解决的问题。你没有办法解决孩子的问题，但你可以给他提供解决问题的方法。每个人通向成熟的道路都是不同的，而他的道路现在还不确定。

也许，你能给你自己和孩子最大的礼物，就是谨记：时间还来得及。你还有充分的时间帮助他做好向成人期的过渡。他离开你去独自生活的时间比你预想得要晚。尽管看起来难以理解，但是你现在已经可以减少对他的扶持。记住，孩子不需要、也做不到在上大学之前彻底长大。

你需要为孩子做的事情

从现在开始，你需要为孩子做一些事情。

体谅并倾听。让孩子真正感觉到你在认真听他讲话并能够理解他。多问少讲，遵循 EAR 法则：鼓励详述、给予肯定、及时回应。提出开放式问题，让他谈论自己的想法，而你要忍住不说，保留你自己的意见和建议。最为重要的是让孩子感觉自己被尊重，只有这样他才能够信任你，继续向你敞开内心。

体谅并约束。孩子肯定需要约束。本书最后一条祷语：执行约束，方得发展。许多家长都会用约束威胁孩子，但却很难真正落实。所以说，制定明确、始终如一和可执行的约束规则是你能为孩子做出的最体谅他的事情之一。让他知道你就隐藏在身后保护着他的安全，让他在相信界限已定的同时还有突破界限的冲动和勇气去外边看看。让他为自己的行为负责，他才能掌控自己的努力和决策。

体谅并接纳。接纳孩子当下的样子，而不是要求他去做一个你认为他可以或应该成为的人。你要明白，养育孩子不能随心所欲，你可以保护他、教育他、指导他，但到了某个时间，他自己的未来必须由他亲自掌控。良好的家庭教育培养出的不是一个能够独立生活的18岁成人，而是一个迎接后半生成长和自我提升的18岁孩子。《华盛顿邮报》的专栏作家迈克尔·格森基于自己的育儿经验说道：

"为人父母可以让人学到耐心和牺牲，但最重要的是学会谦逊。关于你的人生，最好的一点就是，它曾是他人生命中的一个段落，而这已足矣！"

带着体谅之心，你便能够理解孩子并不是懒惰。他的问题主要是因为害怕自己看起来愚蠢或者缺乏天资。不努力的问题不仅仅在于孩子，更在于这个要求男孩提前成熟的世界。体谅会让你足够信任孩子，进而给他探索自我、找寻自己内在动机的自由。即便他需要花费的时间比他的朋友长，但以这种方式得到的内在动机会成为他人生中的宝贵财富，无人可以夺走。

过分强调潜力，强调一种莫须有的生活，会妨碍我们和孩子开展和享受当下的生活。谈到孩子，我们唯一应该关心的潜力是他成长和成熟的潜力。

他在探索这种潜力的过程中收获到的快乐便是幸福，而亲眼看着孩子幸福，何其妙哉！

附录 A

作业完成预估表

	时间预估		难度预估	
作业	预计完成这项作业所需时间	实际花费时间	预计这项作业的难度，从1（简单）到5（困难）进行评分	实际难度，仍用1~5分的评分尺度

附录 B

倒推计划表

			提交日期：

附录 C

决策权衡表

决策	利／得	弊／失
提高分数		
不提高分数		

附录 D

价值观揭秘

圈出下表中你现在看重或者你觉得将来可能看重的价值。

成为出色的运动员	善于与人相处	被爱
结婚	有一个独特的伙伴	有人陪伴
有爱的人	照顾别人	求助
家庭和谐	有好朋友	被人喜欢
人缘好	被人认可	受人重视
被公平对待	受人赞美	独立
有勇气	能运筹帷幄	自控
接纳自己	有尊严	做事有条理
能力强	博学多识	取得非凡成就
繁忙高效	快乐工作	身居要职

赚钱	追求完美	为世界做贡献
公正	立身清正	做一个好家长
精神生活丰富	衣食无忧	不被人利用
活得轻松	活得舒服	避免无聊
快乐	享受生活	高颜值
身材苗条	健康	学习优秀
有创造力	情感深刻	个人成长
尽情拥抱生活	有人生目标	诗意生活

划出五条你最看重的价值观念。你认为你的父母、儿子和兄弟姐妹分别最看重哪些。想一想哪些价值观念是你一直实际践行的，哪些是你想要做到的。

附录 E

目标设定表

第一步：写下目标。先设定长期目标，比如提高成绩。目标设定应立足现实，如果你现在的平均成绩是 C，那么直接瞄准 A 可能就有些不切实际。

_____

_____

_____

第二步：这个目标对你来说为什么重要？

_____

_____

_____

第三步：目标实现会给你的生活带来什么变化？

_____

_____

_____

_____

_____

_____

第四步：把长期目标分解为短期目标。 短期目标应该具体。依据长期目标的大小，可以分解为两三个或更多的短期目标。

1. _____

2. _____

3. _____

4. _____

5. _____

第五步：把短期目标进一步分解成小目标。每个短期目标可以有一个具体的小目标，不过有些小目标适用于所有短期目标。见下例。

- ◆ 交上所有作业。

- ◆ 每天花费10分钟复习和整理每门课的笔记。

- ◆ 布置长期作业当天立即开始行动。比如，我可以：

  写下论文的三个可能假设

  收集研究资料

  使用日历，从到期日期开始倒着进行计划。

1. _____

2. _____

3. _____

4. _____

5. _____

第六步：有哪件事你稍有不慎就会酿成失败？

_____

_____

_____

第七步：如果没有进步你会怎么做？

_____

_____

第八步：写下监测进步的方式以及帮你进步的人。例子如下。

◆ 每周检查目标设定表。

◆ 记录每项作业，追踪作业完成进度，在每项完成和交上去的作
  业前勾对号。

◆ 每门课每月检查两次分数。

◆ 与老师一起检查我的目标设定表，大约每周检查一次。

第九步：你愿意为实现目标所做的牺牲。这可能是最困难的部分，但
是要想成功必须有所牺牲。没有付出就没有收获。比如，如果想要提高成
绩，那么你必须腾出更多时间学习，为此你必须减少做下述事情的时间。

◆ 打电子游戏

◆ 看电视

◆ 与朋友聚会

◆ 上网

你打算牺牲什么，要具体说明，包括地点和时间。比如，"每天放学我会放弃打电子游戏，更早开始写作业。""我愿意每周花两个小时学习""我要用自由时间去图书馆学习，不去咖啡馆和朋友聚会"。

_____

_____

_____

_____

第十步：写下意愿。意愿是你打算遵循的行动纲领，它指导着你的行为，并给你更高的目标。意愿可以是对你想要经验的肯定陈述。设定意愿可以令你更关注和明确自己的行为，令这些行为变得更有意义。比如，如果你在开始做作业前设定了学习新东西或练习新技能的意愿，那么你会从中得到更多，而不只是机械地执行一系列操作。

- ◆ 为了实现目标我愿意付出更多时间，更多精力，愿意尽我最大努力。
- ◆ 我愿意在即使感觉难过或想要放弃时仍然继续努力。

附录 F

焦虑日志

日期 & 时间	
引起焦虑的原因	
感到焦虑的想法	
对未来的预测	
支持预测的证据	
反对预测的证据	
预测成真的可能性	

附录 G

想法日志

时间	活动	感受	评分（1~100）	想法

附录 H

推荐阅读书目

系列丛书

《分歧者》（*Divergent series*）作者：维罗尼卡·罗斯（Veronica Roth）

《疾速天使》（*Maximum Ride series*）作者：詹姆斯·帕特森（James Patterson）

《游侠的学徒》（*Ranger's Apprentice series*）作者：约翰·弗兰纳干（John Flanagan）

《数字》（*Number series*）作者：理查德·沃德（Rachel Ward）

《移动迷宫》（*The Maze Runner series*）作者：詹姆斯·达什纳（James Dashner）

《遗产》（*The Inheritance Circle*）作者：克里斯托弗·鲍里尼（Christopher Paolini）

《波西·杰克逊与奥林匹斯英雄》（*Percy Jackson & the Olympians series*）作者：雷克·莱尔顿（Rick Riordan）

《行走阴阳界》（*The Dresden Files & the Olympian series*）作者：吉姆·巴切（Jim Butcher）

漫画

《火影忍者》(『NARUTO - ナルト - 』)岸本齐史（岸本齐史）

《通灵王》(『シャーマンキング』)武井宏之（武井宏之）

小说

《别有洞天》(*Holes*)作者：路易斯·萨奇尔（Louis Sachar）

《一个印第安少年的超真实日记》(*The Absolutely True Diary of a Part-Time Indian*)作者：谢尔曼·阿莱克西（Sherman Alxie）

《卡彭老大帮我洗衬衫》(*Al Capone Does My Shirts*)作者：珍妮弗·乔尔登科（Gennifer Choldenko）

《英雄亡命指南》(*A Hero's Guide to Being an Outlaw*)作者：克里斯托弗·希利（Christopher Healy）

《寻找阿拉斯加》(*Looking for Alaska*)作者：约翰·格林（John Green）

《巧克力战争》(*The Chocolate War*)作者：罗伯特·科米尔（Robert Cormier）

《关于面包圈》(*About he B'nai Bagels*)作者：E. L. 柯尼斯伯格（E.L.Konigsburg)

《鼠族》(*Maus*)作者：阿尔特·斯皮格尔曼（Art Spiegelman）

《银河系漫游指南》(*The Hitchhiker's Guide to the Galaxy*)作者：道格拉斯·亚当斯（Douglas Adams）

《在路上》(*On the Road*) 作者：杰克·凯鲁亚克 (Jack Kerouac)

《夏日男孩》(*The Boy of Summer*) 作者：罗杰·卡恩 (Roger Kahn)

《士兵的重负》(*The Things They Carried*) 作者：蒂姆·奥布莱恩 (Tim O'Brien)

《闪灵》(*The Shining*) 作者：斯蒂芬·金 (Stephen King)

《飞越疯人院》(*One Flew Over the Cuckoo's Nest*) 作者：肯·克西 (Ken Kesey)

《笨蛋联盟》(*A Confederacy of Dunces*) 作者：约翰·肯尼迪·图尔 (John Kennedy Toole)

《极度狂热》(*Fever Pitch*) 作者：尼克·霍恩比 (Nick Hornby)

《田园劫》(*The Onion Field*) 作者：约瑟夫·温鲍 (Joseph Wambaugh)

《防守的艺术》(*The Art of Fielding*) 作者：查德·哈巴克 (Chad Harbach)

传记系列

《世界名人传记》(*Who Is series*) 作者：比尔·盖茨 (Bill Gates)

《世界名人传记》(*Who Was series*) 作者：爱因斯坦 (Albert Einstein)

体育作品

《夏日禁地》(*Summerland*) 作者：迈克尔·沙邦 (Michael Chabon)

《冠军之心》（*Heart of a Champion*）作者：卡尔·杜克（Carl Deuker）

非虚构作品

《伟人之死》（*How They Choked*）作者：乔治亚·布拉格（Georgia Bragg）

《世界吉尼斯纪录》（*Guinness World Records*）

《白城恶魔》（*The Devil in the White City*）作者：埃里克·拉森（Erik Larson）

《引爆点》（*The Tipping Point*）作者：马尔科姆·格拉德威尔（Malcolm Gladwell）

《攻陷拉斯维加斯》（*Bringing Down*）作者：本·莫兹里奇（Ben Mezrich）

《魔鬼经济学》（*Freakonomics*）作者：史蒂芬·列维特和史蒂芬·都伯纳（Stephen J.Dubner & Steven D. Levitt）

《相约星期二》（*Tuesdays with Morrit*）作者：米奇·艾尔邦（Mitch Albom）

《活着》（*Alive*）作者：皮尔斯·保罗·里德（Piers Paul Read）

《进入空气稀薄地带》（*Into Thin Air*）作者：乔恩·克拉考尔（Jon Krakauer）

《冷血》（*In Cold Blood*）作者：楚曼·卡波第（Truman Capote）